Ulrich Grunert

Wir
vom Jahrgang
1952
Kindheit und Jugend

Impressum

Bildnachweis:

ullstein – AKG: S. 7o; ullstein bild: S. 8, 16, 37u, 55; ullstein – United Archives: S. 23; Fritz Carius: S. 21, 22, 45; Copyright für das Mosaik von Hannes Hegen: Tessloff Verlag, Nürnberg: S. 32; ullstein bild – Imagno: S. 37 o; ullstein bild – Reinhard-Archiv: S. 39; ullstein – DHM/Schwarzer: S. 42; ullstein – DHM/Schwarzer: S. 51; Bauer Media Group, Hamburg: S. 54o; ullstein – Klaus Mehner: S. 56; ullstein – Roger Viollet: S. 57 o; ullstein – CTK/Libor Hajski: S. 58u; Heimatstube Gatersleben (www.gatersleben.de): S. 60o

Alle weiteren Bilder stammen aus dem Privatarchiv des Autors

8., überarbeitete Neuauflage 2021
Alle Rechte vorbehalten, auch die des auszugsweisen Nachdrucks und der fotomechanischen Wiedergabe.
Gestaltung und Satz: r2 | Ravenstein, Verden
Druck: Druck- und Verlagshaus Thiele & Schwarz GmbH, Kassel
Buchbinderische Verarbeitung: Buchbinderei S. R. Büge, Celle
© Wartberg-Verlag GmbH
34281 Gudensberg-Gleichen • Im Wiesental 1
Telefon: 056 03/9 30 50 • www.wartberg-verlag.de
ISBN: 978-3-8313-3152-9

Liebe 52er!

„Geburt ist, wenn sich Himmel und Erde begegnen", sagt ein Sprichwort. Unsere Ankunft war für Eltern und Großeltern mit Sicherheit der schönste Tag im Leben. Wir wurden herzlich willkommen geheißen, auch wenn im Jahr 1952 die Lebensumstände im Osten Deutschlands nicht gerade zur Euphorie Anlass gaben. Damals waren Baby-Fertignahrung und Papierwindeln noch unbekannt. Waschmaschine, Kühlschrank und Zentralheizung gehörten ins Reich der Träume. Oft erschien unseren Eltern die familiäre Versorgungslage angespannt bis aussichtslos. Zu Geld und Lebensmittelmarken brauchten unsere Mütter zusätzlich Glück, Ausdauer und Geduld, um den Familientisch zu decken. Was es im Laden nicht gab, wurde auf dem Schwarzmarkt gesucht. Jedes Westpaket war ein Glückstreffer. Unsere Väter arbeiteten damals sechs Tage in der Woche, vom Montag bis zum Sonnabend und legten jeden ersparten Groschen für bessere Zeiten beiseite. Der Sonntag gehörte der Familie. Dann wurde gemeinsam gekocht und gegessen, musiziert oder erzählt, spaziert und geträumt.

Bei allem Mangel waren die 50er-Jahre eine Zeit der Hoffnung und des Aufbruchs. Nicht jeder Traum ging später in Erfüllung. Und doch erlebten wir in unseren ersten 18 Lebensjahren Veränderungen, an die wir uns erinnern sollten. Auf unserer kleinen Zeitreise wird davon zu berichten sein!

Willkommen im Leben!

Ost und West und eine Grenze dazwischen ...

Da lagen wir still, satt und zufrieden in unseren Bettchen und ahnten noch nichts von den komplizierten Verhältnissen im geteilten Deutschland. Was hatten unsere Eltern in den Jahren vor unserer Geburt nicht alles erleben müssen: Luftkrieg und Bombenhagel, Verlust lieber Angehöriger, Flucht und Vertreibung.

Deutschland lag in Trümmern. Die Nachkriegsjahre waren geprägt von Hunger, Kälte, Not und Entbehrungen. Die Siegermächte teilten das Land in vier Besatzungszonen. Unsere Eltern hatten keine Wahl – Ostdeutschland wurde zur „Sowjetischen Besatzungszone".

Die russischen Besatzer exportierten ihr Gesellschaftsmodell, wollten den „ersten sozialistischen Staat auf deutschem Boden" schaffen. So entstanden

Chronik

1. Januar 1952
Ab Januar 1952 flimmert es wieder in deutschen Wohnzimmern. Das NWDR-Versuchsprogramm bringt es nur auf bescheidene sechs Stunden Fernsehen pro Woche. Im Osten startet das offizielle Programm des Deutschen Fernsehfunks erst zwölf Monate später – pünktlich an Stalins 73. Geburtstag am 21. Dezember.

26. Mai 1952
Der „Vertrag über die Beziehungen zwischen der Bundesrepublik Deutschland und den drei Westmächten" regelt die Gleichberechtigung der Bundesrepublik innerhalb der westeuropäischen Staaten. Die DDR beschließt eine 5 km breite Sperrzone. Über 150 000 Ostdeutsche flüchten daraufhin in den Westen.

19. Juli bis 3. August 1952
Bei den XV. Olympischen Sommerspielen in Helsinki ist die deutsche Mannschaft nach 16-jähriger Pause wieder dabei. Allerdings treten nur Sportler aus der Bundesrepublik an. Das Saarland ist eigenständig vertreten. Die deutsche Mannschaft, die aus 32 Frauen und 173 Männern besteht, gewinnt zum ersten Mal keine Goldmedaille.

5. März 1953
Der Tod des sowjetischen Diktators Stalin sorgt weltweit für große Emotionen.

17. Juni 1953
Arbeiteraufstand gegen das SED-Regime in der DDR.

7. April 1954
Die Bundesrepublik erklärt die Souveränitätserklärung der DDR für nichtig, betont ihren Alleinvertretungsanspruch für alle Deutschen.

4. Juli 1954
Die bundesdeutsche Mannschaft wird in Bern Fußballweltmeister, das sorgt auch für Jubel in Ostdeutschland.

5. Juli 1954
Elvis Presley nimmt den Titel „That´s All Right" in den Sun Record Studios in Memphis auf.

17. Juli 1954
Theodor Heuss wird zum Bundespräsidenten gewählt.

1949 im Osten die Deutsche Demokratische Republik und im Westen die Bundesrepublik Deutschland. Eine nach und nach immer undurchdringlicher werdende Grenze war die Folge.

Je weiter der fortschreitende „Kalte Krieg" Deutschland spaltete, desto enger rückten unsere Familien und ihre Freunde zusammen. Während im Westen die Währungsreform über Nacht die Schaufenster füllte, brachte die Planwirtschaft im Osten keine schnelle Verbesserung der Versorgungslage. So war Eigeninitiative gefragt. Jedes noch so kleine Fleckchen Erde wurde zum Gemüsebeet oder Kartoffelacker umgestaltet. Unsere Väter und Mütter mussten umsichtig und erfindungsreich sein, um unseren Hunger stillen zu können. Und gab es wieder einmal keine Milch im Laden, wurde direkt beim Bauern nachgefragt.

Eng, aber gemütlich

Angesichts der großen Zahl zugewanderter Ostflüchtlinge ging es daheim oft mehr als eng zu. Viele unserer Familien hatten für die Vertriebenen ein oder mehrere Zimmer frei gemacht. So lebte man mit verschiedenen Generationen unter einem Dach und oft wurde aus der Not eine Tugend gemacht. Man teilte sich die Besorgung der raren

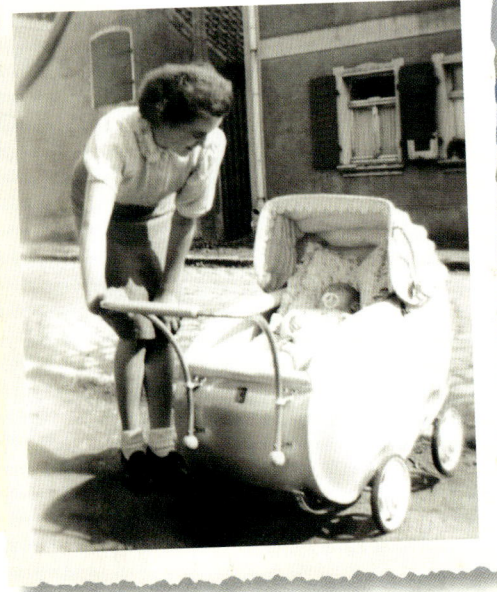

Lebensmittel, kochte gemeinsam und vertrieb sich die Zeit an den langen, oft durch Stromsperren verdunkelten Abenden mit Erzählungen und Erinnerungen. Es war eng, aber gemütlich am Tisch. Die Küche wurde zur Wohnküche.

Erste Schritte

Wir vom Jahrgang 1952 horchten auf das noch unverständliche Gemurmel und wunderten uns über die flackernde Widerspieglung des Kerzenlichts an der Zimmerdecke. Tagsüber machten wir im sicheren Laufgitter die ersten Krabbelversuche. Unsere Eltern hatten wenig Zeit, ständig auf uns aufzupassen. In der Nacht schliefen wir in unseren Gitterbettchen im Schlafzimmer der Eltern. Ein separates Kinderzimmer war undenkbar. Unser erstes Spielzeug waren Bausteine aus Holz.

Mit den kleinen bunten Klötzern konnten wir uns stundenlang beschäftigen. Ein Turm wurde mühsam aufgebaut – und schwupp – mit einem Handstreich umgeworfen! Und schon ging es wieder von vorn los. Die Windeln waren aus Stoff, kratzten und nahmen kaum Flüssigkeit auf. Sie wurden gewaschen und wiederverwendet. Eine aufwendige, unbeliebte Prozedur. Da waren unsere Eltern froh, wenn wir endlich begannen, uns an das Töpfchen zu gewöhnen. Keine einfache Aufgabe für uns. Bald folgten die ersten vorsichtigen Schritte. Übung machte auch hier den Meister. Zur großen Freude und Erbauung der versammelten Familienmitglieder setzten wir erst zaghaft, dann immer fester einen Fuß vor den anderen.

Der 17. Juni 1953

Massenstreiks und Demonstrationen gegen die Erhöhung der Arbeitsnormen ohne Lohnausgleich münden am 17. Juni 1953 in einen spontanen Arbeiteraufstand gegen das SED-Regime, der von Ostberlin aus schnell auf das gesamte Gebiet der DDR übergreift. Bald werden Forderungen nach freien Wahlen und der Absetzung der Regierung laut. Es gibt Demonstrationen in 167 von 217 Städten und Landkreisen. Die Erhebung wird erst durch den Einsatz sowjetischer Panzer blutig niedergeschlagen. Es kommt zu standrechtlichen Erschießungen und Massenverhaftungen. In anschließenden Schauprozessen werden ca. 1600 langjährige Haftstrafen erteilt. Kein anderes Ereignis wird im Nachhinein von

Demonstranten fordern
„Freie Wahlen" in der DDR.

beiden deutschen Staaten so kontrovers beurteilt. In der Bundesrepublik wird es als „Tag der deutschen Einheit" zum Gedenk- und Feiertag erhoben. In der DDR werden die Ereignisse zum „konterrevolutionären oder faschistischen Putschversuch" uminterpretiert und zunehmend tabuisiert.

Rund um den Küchenherd

Wir hatten endlich laufen gelernt und konnten unsere Welt gleich viel intensiver entdecken. Die Organisation des Alltagslebens war beschwerlich. So mussten unsere Mütter täglich früh aufstehen, in den Keller gehen und Koks oder Kohlen holen. Denn Zentralheizungen gab es höchst selten. Lebensmittelpunkt in der kalten Jahreszeit war die Küche – der einzige Raum, der durchgängig geheizt wurde und immer eine gewisse Art von Gemütlichkeit ausstrahlte. In vielen Familien ging der Küchenherd fast niemals aus. Heizmittel waren Koks oder Braunkohle. Ganz in Herdnähe stand der schwarze Blecheimer, tagsüber gefüllt mit Briketts. Jeden Morgen wurde mit ihm die Asche hinausgetragen, ehe vom Keller neue Briketts zum Anheizen in die Küche getragen werden mussten. Das war eine staubige Angelegenheit.

Auf zur ersten Schlittenfahrt!

1. bis 3. Lebensjahr

Für uns war der Küchenherd nicht ganz ungefährlich. Wenn wir vom Schlitten-fahren heimkamen und unsere steifgefrorenen Hände an der heißen Ofenplatte wärmten, mussten wir höllisch aufpassen, unsere kleinen Finger nicht zu verbrennen!

Prominente 52er

5. Jan. **Ulrich Hoeneß**,
ehemaliger Fußball-Profi,
Fußballfunktionär.

16. Feb. **Wolfgang „Lippi" Lippert**,
Sänger, TV-Moderator und
Entertainer.

4. März **Umberto Tozzi**,
italienischer Sänger, der es
später mit „Ti Amo" und
„Gloria" in die deutschen
Hitparaden schafft.

14. April **Hellmut Hattler**,
deutsche Krautrock-Legende,
wird mit der Band KRAAN
berühmt.

19. Mai **Grace Jones**,
Sängerin und Schauspielerin
im James Bond-Film
„A View To Kill".

18. Juni **Isabella Rossellini**,
Schauspielerin und Model,
Tochter von Ingrid Bergman
und Roberto Rossellini.

1. Juli **Dan Aykroyd**,
US-Schauspieler, unsterblich
durch seine Rolle in „Blues
Brothers".

23. Aug. **Vicky Leandros**,
Schlagerstar landet mit
„Theo, wir fahr'n nach Lodz"
einen Evergreen.

Glückliche Familie anno 1952: Isabella Rossellini mit ihren Eltern und Zwillingsschwester Ingrid.

2. Sept. **Jimmy Connors**,
Tennisspieler, langjähriger
Rivale Boris Beckers.

5. Okt. **Harold Faltermeyer**,
Musikproduzent, macht in
Hollywood mit Songs für
„Beverley Hills Cops" und
„Top Gun" Karriere.

24. Nov. **Ilja Richter**,
Schauspieler und TV-Moderator
mit Kult-Status
(„Licht aus, Spot an!").

24. Dez. **Andreas Martin**,
Sänger und Autor, gründet mit
Drafi Deutscher das Duo Mixed
Emotions – ihr „Guardian
Angel" wird auch in der
Schlager-Version als „Jenseits
von Eden" ein Evergreen.

Unser täglich Brot

Rundherum um den Herd spielte sich das familiäre Leben ab. Während die Väter auf Arbeit waren, hatten unsere Mütter dafür zu sorgen, dass zum Feierabend und vor allem an den Sonntagen der Tisch gedeckt war. Keine leichte Aufgabe. Grundnahrungsmittel waren knapp und rationiert. Gab es einmal die begehrten Schnitzel oder Rouladen, bildeten sich schnell lange Warteschlangen vor den Geschäften. Auf dem Schwarzmarkt tauschte man Ostmark gegen DM, um uns Kleinen eine Tafel West-Schokolade zu spendieren oder für Mutti die begehrten nahtlosen Nylonstrümpfe zu besorgen. Fertiggerichte waren noch unbekannt. So wurde mit Leidenschaft gekocht und gebacken. Rezepte und Kochgeheimnisse gingen von Mund zu Mund. Und wenn der Einkauf im Konsum wegen der angespannten Versorgungslage mal wieder unergiebig war, durfte gezaubert werden.

Baden, Waschen, Schneidern

Einmal in der Woche wurde der Waschkessel angeheizt und das Wasser für die große Zinkbadewanne erwärmt. Was unsere Eltern als wichtige hygienische Maßnahme verstanden, war für uns alles andere als angenehm. Wir wurden von Kopf bis Fuß eingeseift und abgeschrubbt. Der Schaum der Kernseife brannte uns noch in den Augen, als wir längst abgetrocknet und angekleidet in unseren Betten lagen. In der großen Wanne wurde auch regelmäßig die Wäsche gewaschen. Unsere Mütter arbeiteten im Schweiße ihres Angesichts mit Stampfer und Waschbrett und ließen sich beim Auswringen der Bettlaken von unseren größeren Geschwistern oder den Vätern helfen.

Ritual am Wochenende:
Haarwäsche in der Zinkbadewanne.

Die elektrische Waschmaschine gehörte, ähnlich wie Kühlschrank, Staubsauger oder Fernsehapparat, zu den großen Wunschträumen unserer Eltern. Für die meisten damals noch unerreichbar. Auch bei unserer Kleidung mussten sich die Eltern immer wieder etwas einfallen lassen. Preiswerte und ansprechende Kinderkleidung war schwer zu kriegen. So griffen unsere Mütter zu Stoff, Nadel und Faden, schneiderten in tagelanger Heimarbeit ein schönes Kleid oder einen schönen Sonntagsanzug. Papa half beim Auslegen des Schnittmusterbogens und beim Zuschneiden. Am Ende war die ganze Familie stolz auf das gelungene Stück.

Neue Freunde

Wir staunten, wie schnell doch die Zeit verging! Da waren wir nun schon drei Jahre alt und unser Aktionsradius wurde immer größer. Wir hatten uns bereits Freunde in der Nachbarschaft gesucht, spielten gemeinsam Vater, Mutter und Kind oder übten das Versteckspiel. Beim Murmeln ließen uns die Größeren erst einmal nur zugucken. Aber dafür fühlten wir uns auf dem schönen neuen Roller schon sehr wohl. Nachdem uns das Rollerfahren auf dem Hof zu langweilig wurde, erkundeten wir auf zwei Rädern die Nachbarschaft.

Beim Spielen war der Roller immer dabei.

Natürlich durften die neuen Freunde auch einmal mit dem Roller fahren.

Unsere Eltern oder die größeren Geschwister waren nicht weit, denn noch waren wir zu klein, um allein in der großen weiten Welt herumzustromern. Doch das sollte sich bald ändern. Erst steckten unsere Eltern die Köpfe zusammen und flüsterten geheimnisvoll. Dann wurde es Gewissheit: Wir kommen in den Kindergarten!

Stolze Fußballweltmeister – die deutsche Nationalmannschaft in Bern.

Auf einen Tag in Freude vereint

Vom 16. Juni bis zum 4. Juli 1954 wurde in der Schweiz die zweite Fußballweltmeisterschaft nach dem Zweiten Weltkrieg ausgetragen. Deutschland durfte zum ersten Mal nach neun Jahren des Ausschlusses wieder teilnehmen. In ganz Deutschland saßen die Menschen an den Radioapparaten und fieberten mit. „Deutschland im Endspiel der Fußballweltmeisterschaft – das ist eine Riesensensation – das ist ein echtes Fußball-Wunder ...", eröffnete Reporter Herbert Zimmermann seine Radioreportage vom Endspiel.

Die Vorzeichen standen jedoch schlecht. 3:8 gegen Ungarn spielte die deutsche Mannschaft in der Vorrunde. Nach dieser haushohen Niederlage stand für die meisten Reporter fest, dass die Ungarn auch im Finalspiel als Sieger vom Platz gehen würden. Anfangs bestätigten sie im Spiel ihre Favoritenrolle. Erst sechs Minuten vor Spielende wendete sich das Blatt: „Ungarn hat den Ball verloren, diesmal an Schäfer. Schäfer nach innen geflankt. Kopfball – abgewehrt. Aus dem Hintergrund müsste Rahn schießen. Rahn schießt ... Toooor! Toooor! Toooor! Toooor!" Nun führte Außenseiter Deutschland.

Zimmermanns erlösende Schlussworte machen noch heute Gänsehaut: „Aus! Aus! Aus! Das Spiel ist aus! Deutschland ist Weltmeister. Schlägt Ungarn mit drei zu zwo Toren im Finale in Bern." Der deutsche Fußballsieg sorgte für grenzenlosen Jubel. Die Torschützen Helmuth Rahn und Max Morlock gingen mit der gesamten Mannschaft um Trainer Sepp Herberger als „Helden von Bern" in die Fußballgeschichte ein. Deutschland war Fußballweltmeister! Gefeiert wurde das von den Menschen in beiden deutschen Staaten. Auch wenn die kommunistische Führung in Ostberlin darüber vor Wut fast platzte.

Es war nicht nur das erste Mal, dass Deutschland Fußball-Weltmeister wurde. Der Titel verhalf den Deutschen in West und Ost zum dringend benötigten neuen Selbstbewusstsein. Nach dem verlorenen Krieg und der Schande, die das nationalsozialistische Regime mit all seinen Gräueltaten dem deutschen Volk auferlegt hatte, war das Selbstwertgefühl einer ganzen Nation zutiefst erschüttert worden. Endlich gab es ein Ereignis, an dem sich die Menschen aufrichten konnten. Zum ersten Mal hieß es: „Wir sind wieder wer!"

Die neue Welt
wird wunderbar

Mama geht arbeiten

Auch wenn der erste Kindergarten bereits im Jahr 1840 eröffnet worden war, so richtig in Schwung kommt die Idee des Thüringers Friedrich Fröbel erst in der DDR in den 50er-Jahren.

Da es zu wenige männliche Arbeitskräfte gab, wurden unsere Mütter umworben, berufstätig zu werden. Doch wer sollte sich um uns Kinder kümmern? Bald gründeten Betriebe eigene Kindergärten, auch Städte und Gemeinden bauten ein Netz dieser Betreuungseinrichtungen auf.

Ehe Mutti früh zur Arbeit ging, brachte sie uns erst einmal in den Kindergarten. Dieser war nicht nur dafür da, den Müttern tagsüber die Betreuung abzunehmen, sondern galt auch als vorschulische Erziehungseinrichtung und war deshalb dem Ministerium für Volksbildung unterstellt.

Chronik

9. Mai 1955
Die Bundesrepublik erhält von den Alliierten ihre Souveränität offiziell verbrieft und wird NATO-Mitglied. Damit wird ein klares und eindeutiges Zeichen für die Integration in den „demokratischen, freien" Westen gesetzt.

14. Mai 1955
Als Reaktion auf das westliche Bündnis schließen sich die sozialistischen Länder einschließlich der DDR zum Warschauer Pakt zusammen. So stehen sich zwei scharf bewaffnete Systeme gegenüber, die Kernwaffen horten und das Überleben der Menschheit infrage stellen.

21. September 1956
In der Bundesrepublik läuft der Rock-'n'-Roll-Film „Außer Rand und Band" an, eine Welle von Jugendkrawallen folgt.

1. Oktober 1956
Die wöchentliche Arbeitszeit in Westdeutschland wird auf 45 Stunden verkürzt. Die Arbeitslosenzahlen sinken auf 409 000. Die Tagesschau wird täglich ausgestrahlt.

24. Oktober 1956
Beginn des Volksaufstandes in Ungarn. Das Volk fordert freie Wahlen, Abschaffung der Zensur, Freilassung der politischen Gefangenen, Mehrparteiensystem, Bruch mit den Stalinisten und politische und wirtschaftliche Annäherung an den Westen. Wieder wird der Aufstand durch sowjetische Truppen blutig niedergeschlagen.

23. April 1957
Der mit dem Friedensnobelpreis ausgezeichnete Humanist und Arzt Albert Schweitzer richtet einen Appell an die Regierenden und Völker der Welt, dem Wahnsinn des Wettrüstens und der atomaren Bedrohung ein Ende zu setzen.

3. November 1957
Der erste Weltraum-Pionier, die Hündin Lajka, startet im sowjetischen „Sputnik 2" in den Weltraum und überlebt sechs Tage lang in Schwerelosigkeit. Für die Hündin ist die Reise ein Himmelfahrtskommando – eine Rückkehr zur Erde ist nicht vorgesehen.

11. Dezember 1957
Die DDR-Regierung beschließt ein neues Passgesetz, um die Zahl der Westreisen zu reduzieren. Republikflucht wird kriminalisiert.

Spiel und Spaß im Garten.

Neue Heimat Kindergarten

Im Kindergarten sollten wir Kinder „zur Schulreife geführt" und von klein auf zur „sozialistischen Moral" erzogen werden. Unser Tagesablauf war deshalb wie ein Uhrwerk geregelt. Die gemeinsamen Mahlzeiten und das Spielen gehörten ebenso dazu wie die tägliche Bettruhe, das Waschen und das Zähneputzen. Auf Sport, Bewegung an der frischen Luft und gesunde Ernährung wurde geachtet. Dies sollte unserem Nervensystem und Organismus nachweislich guttun. Während wir malten, achteten unsere Erzieherinnen darauf, wie wir den Pinsel hielten. Durch Turnübungen wurden gezielt unsere motorischen Fähigkeiten geschult. Auch Musikinstrumente wie Triangel, Blockflöte oder

4. bis 6. Lebensjahr

Trommel durften wir ausprobieren. Bei allen erzieherischen Vorgaben kam das freie Spiel nicht zu kurz. Jedes Kind konnte im Kindergarten individuelle Fähigkeiten und Neigungen entwickeln. Wir Kinder sollten uns in der Gruppe wohlfühlen, um das Bedürfnis zu entwickeln, freundschaftlich miteinander umzugehen. „Was für die Gruppe gut ist, ist auch für den Einzelnen gut", lautete die Botschaft. So erlebten wir zumeist inhaltsreiche und glückliche Tage in der Gemeinschaft. Doch nicht alle unsere Altergenossen hatten die Chance, einen Platz im Kindergarten zu bekommen. Voraussetzung war, dass beide Eltern arbeiteten. Kinder von Hausfrauen hatten keinen Anspruch auf einen Kindergartenplatz.

Alle lieben Bummi

„Kommt ein kleiner Teddybär aus dem Spielzeuglande her. Und sein Fell war wuschelweich – alle Kinder rufen gleich: Bummi, Bummi, brumm, brumm, brumm ..." – im Osten Deutschlands kennt fast jeder dieses Lied. Auch für uns war er ein guter Freund: Bummi, der sonnengelbe Teddybär. Das wuschelige Bärchen mit dem Lachen im Gesicht hat unsere Kinderzeit begleitet. Die gleichnamige Zeitschrift erschien zum ersten Mal am 15. Februar 1957 und war bald überaus beliebt. Bummi agierte fast ganz ohne Zeigefinger, versuchte Freundlichkeit und Toleranz anderen gegenüber als Wert zu

Die erste Bummi-Ausgabe.

vermitteln. Vordergründige Propaganda war hier selten zu spüren. Natürlich wurden Frauentag, Kindertag und andere Ehren- und Feiertage der DDR im Heft thematisiert, aber die gehörten damals zum Jahreskalender wie Ostern, Weihnachten und Neujahr.

Wir feiern Kindertag

Alljährlich war der 1. Juni ein ganz besonderer Tag für uns Kinder. Wir feierten unseren eigenen Feiertag – den Kindertag. Im Westen kaum bekannt und gesellschaftlich nicht sonderlich verankert, war der Kindertag im Osten ein großes Ereignis für Kinder und Eltern. Bereits zum Frühstück wurden wir mit Gratulationen und kleinen Geschenken seitens der Eltern überrascht. Auch später im Kindergarten wurde kräftig gefeiert. Am Nachmittag gab es Malzkaffee und Kuchen und wir durften uns unsere Lieblingsspiele wünschen. So spielten wir Völkerball und die älteren Jahrgänge unterhielten die Kleinen mit einem Überraschungsprogramm aus eingeübten Liedern, Sketchen und Zaubertricks. Noch heute hält sich diese Tradition in den neuen Bundesländern – wehe den Eltern, die vergessen, ihrem Kind am Kindertag zu gratulieren!

Mit Malzkaffee und Kuchen lässt sich gut feiern.

Das Radio – unser Tor zur Welt

Das Radio war das Massenmedium der Stunde. Die neuen Röhren-empfänger mit der Ultra-kurzwelle UKW waren schnell überaus populär. Unsere Eltern rangierten den alten Volksempfänger aus und schafften ein UKW-Radio an, auch wenn der Kaufpreis ein bis zwei Monatslöhnen ent-sprach. Diesen Luxus leistete man sich gern, um einen Blaupunkt „Berlin" oder den Nordmende „Traviata" in die gute Stube zu stellen.

Mehrere Lautsprecher hinter dem Bespannstoff versprachen eine bisher nie gehörte Klangfülle. Gebannt schauten wir auf das geheimnisvoll leuchtende „Magische Auge". Diese Abstimmanzeige des Rundfunkempfängers bewegte sich wie ein Fächer und faszinierte besonders uns Kleinkinder. Die täglichen Radionachrichten aus dem Westen waren für viele unserer Eltern die wichtigste Informationsquelle – schnell, unabhängig und freier als alles, was damals in den staatlich kontrollierten Tageszeitungen der DDR stand. Beim täglichen abendlichen „Echo des Tages" hatten wir Kinder „Sendepause" – sprechen war verboten.

Schlager und Schulfunk

Wie unterhaltsam, spannend und lehrreich Radio sein kann, erfuhren bald auch wir. Besonders das tägliche Schulfunkprogramm hörten wir gern und regelmä-ßig. Das war echtes Kino für die Ohren, bot aufwendig produzierte Hörspiele, gestaltet von der Elite der deutschen Schauspielkunst: Heinz Drache, Rolf Boysen, Bernhard Minetti, Wilhelm Pilgram und andere versetzten uns mit spannenden Zeitreisen in die Sahara, in die Zeit Beethovens oder Napoleons. Wir begleiteten in unserer Fantasie die Salzkarawane von Timbuktu nach Taudeni, hörten Beethoven beim Komponieren der Eroica zu, freuten uns über Neues aus Waldhagen und ließen uns vom Tierfreund Geheimnisse des Kuckucks erzählen.

Unsere Mütter hörten am liebsten einen Schlager von Peter Alexander im Radio. Er sang: „Ich weiß was, ich weiß was, ich weiß was dir fehlt ...“

Immer wieder sonntags

Bei all den täglichen Sorgen gab es Woche für Woche einen großen Lichtblick: Der Sonntag stand ganz im Zeichen der Familie. Am damals einzigen arbeitsfreien Tag der Woche gab es feste Rituale, denen sich alle Familienmitglieder gern und freiwillig unterordneten. Die gemeinsame Mahlzeit im Kreise der ganzen Familie war der Höhepunkt der Woche. Im Anschluss wurde in Sonntagskleidung ein Spaziergang unternommen, der mit einem Kinobesuch oder mit einer Partie Mensch-ärgere-dich-nicht enden konnte.

Unverzichtbar war auch die sonntägliche Kaffee- und-Kuchen-Runde im Kreise der Familie. Nachdem der Tisch abgeräumt war, blieb die ganze Familie einfach sitzen. Die große Kiste mit den Brettspielen wurde hervorgeholt und das Spiel konnte beginnen! Wir lernten dabei auch, wie es sich anfühlt, wenn man als Verlierer vom Tisch aufsteht. An zwei Sonntagen im Jahr ging es mit Begeisterung auf den Rummelplatz. Neben Los- und Schießbude war das Karussell ein beliebter Anlaufpunkt.

Abenteuer Rummelplatz:
Wer steckt hier unterm Bärenfell?

Faszination Kino

Der Sonntag war auch unser
Kinotag. Je älter wir wurden, desto
mehr faszinierte uns das Gesche-
hen auf der großen Leinwand. So
standen wir mit unseren Altersge-
nossen regelmäßig am Sonntag-
vormittag in der langen Schlange
vor der Kinokasse, warteten
gespannt auf Märchenfilme wie
„Das kalte Herz", „Der kleine
Muck", „Ilja Muromez" und „Die
blaue Blume". Natürlich hätten wir
uns gern auch die im Kino-Vorpro-
gramm angekündigten Abenteuer-
filme „Die Abenteuer des Till
Ulenspiegel", „Fatima" und „Der
Geliebte der Königin" angeschaut.
Aber dafür waren wir leider noch
zu klein. So kauften wir für einen
Groschen wenigstens das
Filmprogramm. Und träumten
von besseren Zeiten.

Das Kino versprach
spannende Unterhaltung.

Selbst ist die Frau! Selbst ist der Mann!

Unsere Mütter hatten wenig Muße. Immer musste gebügelt, genäht und
gestopft werden. Da wurde schon einmal über das Loch in unserer Hose oder
in den langen Strümpfen geschimpft, wenn wir erhitzt und schmutzig vom Spielen nach Hause kamen. Manchmal blätterten unsere Mütter in dicken Kauf-
hauskatalogen. Die kamen meistens aus dem Westen und die abgebildeten
Sachen waren hierzulande Mangelware. Umso interessanter war es deshalb für
sie, einen Blick auf die neueste Mode zu werfen, die so schwer zu kriegen war.

Selbst ist die Frau! hieß die Devise. So kam Omas Nähmaschine zum Einsatz. Aber vorher musste noch der geeignete Stoff besorgt werden. Gab es ihn nicht im Konsum oder in der HO, wartete man auf ein Paket aus dem Westen. Manchmal unternahmen Mama und Papa auch eine Einkaufsreise nach Westberlin oder über die Grenze. Doch das wurde immer schwieriger. Die Grenzkontrollen wurden verschärft und nicht immer brachten unsere Eltern die begehrte Westware sicher nach Hause. Der Tausch der ostdeutschen Mark gegen die westdeutsche DM war offiziell verboten. Mit anderen Worten: Unsere Eltern durften sich nicht erwischen lassen!

Wichtige „Beziehungen"

Der geringere materielle Wohlstand gegenüber dem florierenden „Wirtschaftswunder" im Westen Deutschlands brachte bei unseren Eltern aber auch Tugenden wie Gemeinschaftssinn, Bescheidenheit und Nachbarschaftshilfe hervor. Mit Fleiß, Kreativität und Einfallsreichtum wurde aus dem wenigen das Maximale herausgeholt. So konnte ein altes Kleid aus Omas Kleiderschrank durch kleine Änderungen zum neuesten Modeschrei werden. Oder ein bereits schrottreifes Motorrad kam in wochenlanger Kleinarbeit wieder zu Ehren. Eine Wegwerfmentalität konnte bei dem vorhandenen Mangel nicht entstehen. So hörten wir unsere Eltern einen Satz sagen, der bald zum geflügelten Wort werden sollte: „Beziehungen schaden nur dem, der keine hat." Um sich seine Wünsche erfüllen zu können, war Geld selten das einzige Mittel. Viel wichtiger war das „gewusst wie, wo, mit wem und wann".

Meine großen Brüder passen auf mich auf!

Konsumträume im Jahr 1957.

Modetrend Jersey Anno 1957.

Utopie Versandhandel

Die fehlende Zahl von geeigneten Ver-
kaufsstellen in Stadt und Land und der
große Erfolg der Versandhäuser im Westen
Deutschlands führten zum Beschluss des
Ministerrats, auch in der DDR einen
Versandhandel aufzubauen. Beschwerden
und Eingaben über die mangelnde
Versorgung mit Butter, Fleisch, Gemüse,
Obst, Kosmetikartikeln, Ersatzteilen, Metall-
waren, Geschirr, Tapeten, Werkzeugen und
Kinderbekleidung rissen nicht ab.

Ganz zu schweigen von den Engpäs-
sen beim Angebot von Autos, Kühlschrän-
ken, Fernsehgeräten, Waschmaschinen
und Fahrrädern. Die Methoden der
staatlichen Planwirtschaft stießen bei der

Bedarfsbefriedigung der Bevölkerung
schnell an ihre Grenzen. Auch das 1956
gegründete „Versandhaus Leipzig" hatte
bald mit Lieferschwierigkeiten zu kämpfen. Von den 696 angebotenen Artikeln im
Herbst/Winter-Katalog des Jahres 1957
waren bereits nach Katalogauslieferung
118 Artikel nicht mehr lieferbar. Trotzdem
ließ man sich zu utopischen Träumen
verleiten: „Bis 1961 wird Westdeutschland
im Pro-Kopf-Verbrauch an Lebensmitteln
und den wichtigsten Konsumgütern
überholt", versprach der Katalog. Das
Angebot blieb aber unkontinuierlich und
schwer berechenbar. Am schlechten Ruf
des DDR-Handels änderte sich wenig.

Ich male ja so gerne ...

Abschied vom Kindergarten

Im Kindergarten hatten wir viel gelernt, konnten sogar schon bis zehn zählen.
Nun wurden mit Kreide die ersten Figuren auf die Schiefertafel gemalt. Wir
waren stolz darauf, schon eine Linie mit dem Lineal ziehen zu können. Auch
unsere Eltern wollten etwas dazu beitragen, uns auf den nächsten Lebensabschnitt vorzubereiten. Ein gutes Training für die Einschulung konnte nicht schaden. Waschen, Zähne putzen, Haare

Erster Blick ins
Lesebuch.

kämmen – das machten wir alles schon recht gut. Nur die Schnürsenkel unserer Schuhe wollten nicht so recht gehorchen. Das Knüpfen der Schleifen endete oft mit einem gordischen Knoten. „Das müssen wir üben!", hieß es. Und so wurde geübt, bis es klappte.

Wir spielen Schule:
Üben an der Schiefertafel.

Wir durften schon einmal die Nase in das Lesebuch der ersten Klasse stecken. Die bunten Bilder gefielen uns, nur die vielen Buchstaben sagten noch rein gar nichts. Aber das sollte sich ja bald ändern. Erst einmal wurden die neuen Farbstifte ausprobiert. Eins, zwei, drei und wir malten ein Bild mit all unseren Freunden aus der Kindergartengruppe. Wen von ihnen wir wohl in der Schule wiedersehen würden?

Elvis Presley in dem Film „Pulverdampf und heiße Liebe", 1956.

Zwei starke Amerikaner

Seit frühester Kindheit schätzten wir den Amerikaner – ein handtellergroßes Gebäckstück aus Weizenmehl mit Zucker- oder Schokoladenguss. Amerikanische GI's sollen den Amerikaner nach dem Zweiten Weltkrieg nach Deutschland gebracht haben. In den USA hießen die Vorbilder „Black and White Cookies". Da die Deutschen Schwierigkeiten hatten, den Originalnamen auszusprechen, war schnell der „Amerikaner" geboren. Ein Gebäck, das sich weit und breit großer Beliebtheit erfreute und bei fast jedem Bäcker im Angebot war.

   Auch ein anderer Amerikaner gelangte in ganz Deutschland zu großer Beliebtheit. Seine Stimme erklang aus dem Radio: Elvis Presley! Seine flotten Rock-'n'-Roll-Nummern „Tutti Frutti" und „Jailhouse Rock" gefielen Jung und Alt. Presleys gefühlvolle Ballade „Love Me Tender" machte sogar den Schlagergrößen wie Bully Buhlan, Vico Torriani, Fred Bertelmann und Gerhard Wendland Konkurrenz. Noch ahnte niemand, dass Elvis Presley bald an Bord des Truppentransporters „USS General Randall" für einen zweijährigen Aufenthalt nach Deutschland kommen würde, um hier seinen Armeedienst abzuleisten. Dann sollte der Elvis-Kult erst richtig losgehen.

Auf zu neuen Ufern

Die Schultüte versüßte den Schulanfang.

Vom Ernst des Lebens

Eigentlich freuten wir uns auf den bevorstehenden Schulbeginn. Spannend war bereits die Vorgeschichte. Wir mussten zur Untersuchung, wurden von Pädagogen und Ärzten begutachtet, geprüft und für „schulreif" befunden. Jetzt hatten unsere Eltern alle Hände voll zu tun, um für einen rundum gelungenen Schulstart zu sorgen. Ein geeigneter Schulranzen musste gefunden werden. Er durfte nicht zu groß und

Chronik

nicht zu schwer sein. Und er sollte Platz haben für alles, was ein angehender „ABC-Schütze" so braucht.

Einfacher hatten es diejenigen, die eine ältere Schwester oder einen älteren Bruder hatten. Sie übernahmen einfach die Ranzen ihrer Vorgänger. Die anderen gingen mit den Eltern ins Lederwarengeschäft. Groß war die Auswahl dort nicht. Die Lederranzen waren braun und hart, alles andere als Prestigeobjekte. Sie drückten auf unseren schmalen Schultern, obwohl wir noch gar nichts eingepackt hatten. Plötzlich hatten wir so ein flaues Gefühl im Bauch und dachten an die mahnenden Worte mancher Zeitgenossen: „Freut euch bloß nicht zu früh. Der Ernst des Lebens fängt jetzt an!" Der Ernst des Lebens? Was das wohl sein mag?

Ein großer Tag

Es war Anfang September. Unsere älteren Geschwister schielten schon ein wenig neidisch auf die mit allerlei süßen Sachen gefüllte Schultüte, die unsere Eltern zur Feier unserer Einschulung vorbereiteten. Woran sie nicht alles hatten denken müssen! Im Schreibwarengeschäft wurden grüne Hefte mit geheimnisvollen Linien und Kästchen gekauft. Auch Tintenfederhalter, Bleistift, Holzfarbstifte, Radiergummi und

Auf dem Weg zur Einschulung.

Etui durften nicht fehlen. Die ersten Schulbücher mussten in der Schule beim Schulbuchverkauf erworben werden. Bücher und Hefte wurden fein säuberlich in Packpapier eingeschlagen und ordentlich im Ranzen verstaut.

Danach kamen wir an die Reihe, wurden gründlich gebadet und in unsere Sonntagskleidung gesteckt. Jetzt konnte es losgehen, auf zur Einschulungs-feier! Das war ein großer Tag für die ganze Schule. Die älteren Jahrgänge machten Musik mit dem Spielmannszug, sangen oder rezitierten Gedichte. Eltern und Verwandte waren mit auf den Schulhof gekommen, beobachteten das Spektakel. Dann hieß es, rasch in Zweierreihen aufstellen und Abmarsch ins Klassenzimmer. Unser Schulalltag hatte begonnen.

Wir lernen lesen!

Bald gewöhnten wir uns ein, konnten alle Mitschüler und unsere Klassenlehrerin mit dem Namen ansprechen. Männliche Lehrer waren in der Unterstufe selten anzutreffen. Der Schultag verlangte feste Regeln von uns. Ordnung, Fleiß und Disziplin wurden gefordert. Aber niemand musste Angst haben. Unsere zwiespältigen Gefühle waren schnell verflogen. Die Prügelstrafe war ja längst abgeschafft worden. Die meisten Lehrerinnen waren jung, nett und motiviert.

Ganz am Anfang lernten wir ein Gedicht. Es gefiel uns, denn es reimte sich so gut: „Wir wollen lernen, wir wollen studieren, das Einmaleins und das Buchstabieren. Dann werden wir kluge und tüchtige Leute. Wann fangen wir an? Morgen? Nein, heute!" In unserem Klassenraum saßen wir von Montag bis zum Sonnabend an alten, verwitterten Pulten, auf denen sich bereits viele Schülergenerationen vor uns verewigt hatten. Bald konnten wir entziffern, was Sprüche wie „Erika liebt Elvis" oder „Ich hock hier Jahre meines Lebens – am Ende ist's vergebens" bedeuteten, denn im Lesen und Schreiben machten wir schnelle Fortschritte. Auch wenn beim Kopfrechnen die eine oder der andere von uns am Anfang noch Schwierigkeiten hatten, das tägliche Üben an der großen Schultafel tat seine Wirkung. Am Ende des Jahres hieß es für alle: „Versetzt in Klasse 2!" – und die ganze Familie war stolz auf unser erstes Jahreszeugnis.

Unser erster Ausweis.

Junge Pioniere

Am 13. Dezember, dem alljährlichen Pioniergeburtstag, bekamen wir das blaue Halstuch überreicht und wurden feierlich in die Jungen Pioniere aufgenommen. Die Mitgliedschaft bei der Pionierorganisation war vom Statut her freiwillig. Sie wurde aus Sicht der meisten Eltern als selbstverständlich angesehen. Die Initiative für die Aufnahme aller Schüler ging von der Schule aus. In der Regel stellte sich die Frage nicht, ob jemand überhaupt Pionier werden wollte. So musste man von sich aus aktiv werden, um nicht Mitglied zu werden. Heute wird diese Dynamik oft als Mitläufertum bezeichnet. So einfach kann man sich das aber nicht machen.

Wir waren bei unserer Aufnahme sechs oder sieben Jahre alt und froh, endlich aus dem Kindergartenalter raus zu sein. Das blaue Halstuch war ein sichtbares Zeichen unserer Entwicklung. Darauf waren wir stolz, dachten nicht im Traum daran, dass uns das Halstuch später bei der Karriere helfen könnte. Vielleicht haben unsere Eltern daran gedacht. Wir nicht. Es gab durchaus Kinder, die nicht Jungpionier wurden, weil ihre Eltern aus religiösen oder anderen Gründen dagegen waren. Die überwiegende Mehrheit von uns war am Anfang gern dabei. Am ersten Pioniernachmittag lernten wir den Pioniergruß, ein Frage-und-Antwort-Ritual, das von nun an täglich auch zu Beginn des Unterrichts praktiziert wurde: „Seid bereit!?" – „Immer bereit!" Wir sangen mit Freude Pionierlieder wie „Unser kleiner Trompeter" oder „Kleine weiße Friedenstaube". Bunte Pionierwimpel und Abzeichen waren begehrte Sammel- und Tauschobjekte.

Stolz und selbstbewusst:
Junge Pioniere.

Heimatkunde

Natürlich lernten wir in der Schule nicht nur
Lesen und Schreiben. Wir hörten im Heimatkun-
deunterricht auch einiges über den Staat, in dem
wir lebten: Unsere Heimat hieß DDR, Wilhelm Pieck
war unser Präsident. Das größte und bekannteste
Pionierferienlager, die Pionierrepublik am Werbellin-
see, trug seinen Namen. Unser Ministerpräsident hieß
Otto Grotewohl. Wie Pieck kam er aus einfachen Verhält-
nissen. Sie hatten als Buchdrucker und Tischler gearbeitet, lernten wir – und
waren stolz darauf, was wir alles wussten. Wir erfuhren auch bald etwas über
den Wettkampf der Weltsysteme und vom Anspruch der DDR, der „bessere
Teil Deutschlands" zu sein. Und wir hörten viel von unserem „großen Bruder",
der Union der Sowjetrepubliken, dem Land, das angetreten war, die „fort-
schrittlichsten Träume der Menschheit" zu erfüllen. Die Utopien schienen
schneller Wirklichkeit zu werden, als wir uns träumen ließen. Der UdSSR
gelang mit Lunik 2 die erste Landung einer Sonde auf dem Mond. Wissenschaft und Technik
schienen allmächtig
zu sein. „Das Wissen
verdoppelt sich alle
sechs Jahre! Des-
halb müsst ihr viel
mehr lernen als alle
Schüler vor euch!",
prophezeiten unsere

Erinnerungsfoto an
das Ferienlager.

Lehrer. Deshalb hatte die Volkskammer die Einführung der zehnjährigen Schulpflicht und des polytechnischen Unterrichts beschlossen. Der allgemeine Fortschrittsglaube ging einher mit einer tiefen Friedenssehnsucht. Noch waren die Narben des Krieges nicht alle verheilt. Noch sangen wir alle drei Strophen unserer Nationalhymne.

Lesen macht Spaß!

Spannende Geschichten

Kaum konnten wir das ABC auswendig, wurde das Lesen für uns zu einer wahren Leidenschaft. Wir entwickelten uns schnell zu „Leseratten", und wurden im Bücherschrank der Eltern oder in der Bibliothek fündig. Besonders beliebt bei den Jungen unseres Jahrgangs waren die bunten Hefte mit den spannenden Abenteuergeschichten. Für 25 Pfennig gab es regelmäßig „Das Neue Abenteuer" am Postschalter. Einen Groschen teurer waren die Heftchen der „Kleinen Jugendreihe" aus dem Verlag „Kultur und Fortschritt". Kriminalistische Hochspannung versprach die Blaulicht-Reihe.

Besonders preiswert waren „Robinsons Billige Bücher" aus dem Kinderbuchverlag. Die dort verlegten Erzählungen russischer Autoren wie „Timur und sein

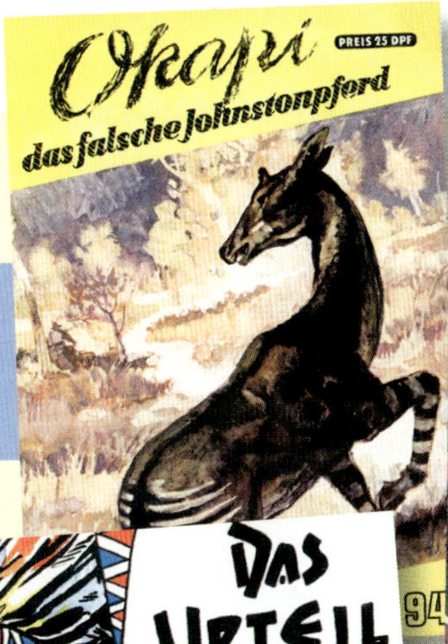

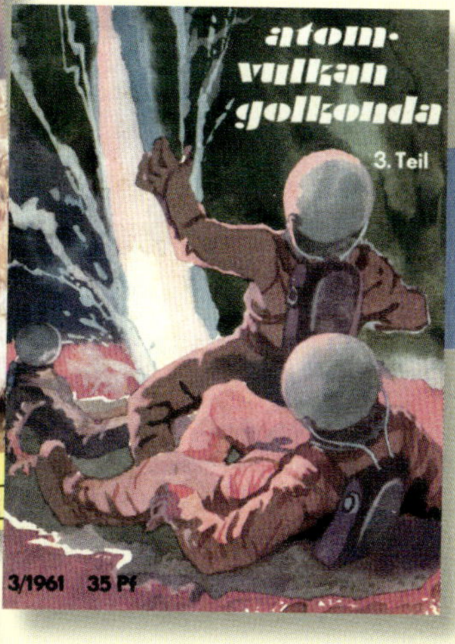

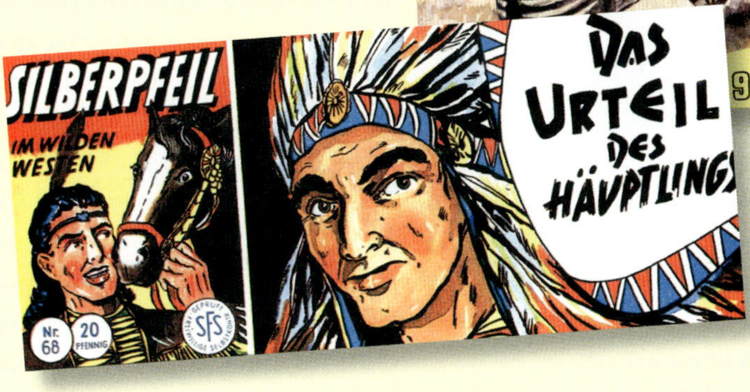

Trupp" oder „Die Schelmenstreiche des Hodscha Nasreddin" begeisterten uns. Gleichzeitig übte der „Wilde Westen" eine große Faszination auf uns aus. Wildwestschmöker von Tom Mix oder Billy Jenkins gingen von Hand zu Hand. Aber auch die Abenteuer des fliegenden Reporters Harri Kander gefielen uns.

Ganz besonders verehrten wir Silberpfeil, den stolzen Indianerhäuptling vom Stamme der Aurikanier. Er war neben Tarzan, Akim, Sigurd und Falk einer jener Comichelden, die vor unseren Lehrern versteckt gehalten werden mussten. Denn die Piccolo-Hefte mit den grellbunten Umschlägen gab es in der DDR nicht zu kaufen. Sie kamen aus dem Westen, galten deshalb offiziell als „Schmutz und Schund". Wir hatten da eine ganz andere Meinung und achteten darauf, dass uns niemand von den Aufpassern bei der Lektüre erwischte.

Digedags oder Fix und Fax?

Es gab im Osten eine Comicserie, die alles in den Schatten stellte, was der Westen zu bieten hatte. Gegen Dig, Dag und Digedag sahen selbst Micky Maus und Fix und Foxi ziemlich alt aus.

Der einzige Nachteil der von dem im Osten Berlins aus agierenden Zeichner Hannes Hegen erdachten Figuren war nur, dass sie sehr schwer zu kriegen waren. Das „Mosaik" war ständig vergriffen, der Erwerb echte Glückssache.

Etwas einfacher war es, die Abenteuer der frechen Mäuse Fix und Fax zu verfolgen. Die beiden waren vom Zeichner Jürgen Kieser erdacht worden und in der Zeitschrift ATZE bald Stammgäste. Besonders bei den Mädchen kamen Fix und Fax sehr gut an. Das lag neben den schönen Zeichnungen auch an den witzigen Reimen Kiesers, die in der Tradition Wilhelm Buschs standen.

Auf ins Ferienlager!

Die großen Ferien waren Jahr für Jahr etwas ganz Besonderes. Eine Urlaubsreise gemeinsam mit den Eltern? Daran dachten damals nur wenige. Mit den wenigen freien Arbeitstagen kalkulierten unsere Eltern äußerst knapp. Dafür durften wir acht lange Sommerwochen den Schulalltag vergessen. Nach dem Abschluss der 1. Klasse waren wir alt genug fürs Ferienlager.

Mindestens zwei, manchmal drei Wochen erholten wir uns im Kreis von Gleichaltrigen im Erzgebirge, im Thüringer Wald, im Harz oder an der Ostsee. Noch heute erinnern wir uns an den Geschmack von Pfefferminztee und Dreifruchtmarmelade, die zum Grundbestandteil jedes Ferienlagerfrühstücks

Wir wanderten ja so gern.

gehörten. Natürlich gab es auch Frühsport, Morgenappelle und Wettbewerbe um das sauberste und ordentlichste Zimmer. Aber Spiel und Spaß kamen bei all diesen Erziehungsversuchen nie zu kurz. Die Organisation und Verwaltung der Ferienlager lag meistens bei den Betrieben, in denen unsere Eltern arbeiteten. Ferienlager – das waren Neptunfest und Nachtwanderung, erster Kuss und erste Liebe am Lagerfeuer. Manchmal mussten wir den Kampf gegen das Heimweh führen. Aber immer war es am Ende auch ein schwerer Abschied.

Wieder zu Hause angekommen, vertrieben wir uns den Rest der Sommerzeit mit Ferienspielen, erwarben eine Dauerkarte fürs Freibad und tanzten Twist. Wenn Anfang September die Schule rief, hatten wir uns viel zu erzählen. Am ersten Schultag nach den großen Ferien konnte es passieren, dass der eine oder andere Mitschüler fehlte und auch später nicht mehr auftauchte. Bald wurde auf dem Schulhof geflüstert: „Paul ist abgehauen." Oder: „Paulas Familie ist in den Westen gegangen. Die sehen wir nicht wieder!"

In den Ferien war immer was los.

Der Schularzt kommt

Wieder im Unterricht angekommen, mussten wir uns beim Schularzt vorstellen. Der kontrollierte nicht nur den Impfausweis, sondern warf auch ein Auge auf unsere Zähne. Überhaupt wurden Gesundheit und Hygiene groß geschrieben. Auf unseren Schulheften warben Anzeigen des Deutschen Hygiene-Museums Dresden mit flotten Reimen für gesunde Ernährung oder für die von uns ungeliebten Zahnarztkontrollen. Manchen Reim konnten wir bald auswendig: „Vollkornbrot und Obst und Möhren sollst zum Frühstück du verzehren. Kuchen, Weißbrot, Süßigkeiten sollst du aber lieber meiden." Oder noch kürzer: „Gut gekaut ist halb verdaut!" Ein anderer Leitspruch wurde von der ersten Klasse an von den meisten von uns gern befolgt: „Jedermann an jedem Ort – mehrmals in der Woche Sport!"

Schreibheftrückseite 1961:
Trotz flotter Reime waren Termine beim Zahnarzt eher unbeliebt.

Bitte recht freundlich! –
Ferienlager-Schnappschuss.

Helden des Radsports

Im Mai 1955 hatte Gustav-Adolf Schur zum ersten Mal die Friedensfahrt gewonnen. Das internationale Amateurradrennen zwischen Warschau, Berlin und Prag genoss in der DDR bald eine so große Popularität wie anderswo die Tour de France. Von klein auf verfolgten wir Nachmittag für Nachmittag die spannenden Radioübertragungen von der Fahrt. Wir freuten uns über Etappensiege von „Täve" Schur und seinen Mannschaftskameraden Erich Hagen und Bernhard Eckstein.

Jeder Junge, der etwas auf sich hielt, kannte Namen und Erfolgsgeschichten großer Friedensfahrtsieger wie „Täve" Schur, Piet Damen und Juri Melichow auswendig. Unsere Fahrräder wurden frisiert, mit Sportlenkern versehen und wir veranstalteten eigene kleine Friedensfahrt-Rennen. Unbeschreiblich war die Stimmung am Straßenrand, wenn die „echten" Friedensfahrer in der Nähe unserer Wohnorte auf ihrem Weg nach Warschau oder Berlin vorbeiradelten. „Täve! Täve! Täve!" – die Anfeuerungsrufe der Zuschauer am Straßenrand klangen uns noch Tage später in den Ohren.

Held unserer Kindertage:
Gustav-Adolf „Täve" Schur.

Der Kosmos ruft

Der 12. April 1961 war ein ganz besonderer Tag für uns und den Rest der Menschheit. Der Kosmonaut Juri Gagarin hatte in einem spektakulären Raumflug als erster Mensch das Weltall erreicht. Er umrundete in 108 Minuten einmal die Erde und landete sicher im Wolgagebiet in der Nähe der Städte Saratow und Engels. Wir interessierten uns seit der Zeit der ersten Sputnikflüge für die Weiten des Kosmos, lasen mit wachsender Begeisterung Science-Fiction-Geschichten aus Ost und West und träumten von der Eroberung des Weltalls. Begeistert stürmten wir ins Kino, als der DEFA-Film „Der schweigende Stern" das Thema aufgriff. Der reale Wettlauf zwischen Russen und Amerikanern bei der Eroberung des Kosmos sollte bald spannender werden als jeder sportliche Wettkampf. Während die Russen mit German Titow im gleichen Jahr noch einen zweiten Kosmonauten ins All schossen, bereitete sich am Cape Canaveral in Florida der Astronaut John Glenn auf seinen Flug vor. Er war ein Jahr später der erste Amerikaner im Weltraum.

Eroberer des Weltraums:
Juri Gagarin.

Der 13. August

Der DDR-Staatsratsvorsitzende Walter Ulbricht erklärte noch am 15. Juni 1961 auf einer Pressekonferenz: „Niemand hat die Absicht, eine Mauer zu errichten!" Im Juli 1961 hatte die Zahl der Flüchtlinge aus der DDR und Ostberlin mit 30 415 Menschen den höchsten Stand seit Juni 1953 erreicht. Am 13. August wurde auf Weisung von Walter Ulbricht unter Zustimmung der Sowjetunion und unter der Koordination von Erich Honecker die DDR-Grenze zu Westberlin geschlossen und die Berliner Mauer errichtet. Bereits am 22. August befahl man die „Anwendung der Waffe" gegen Flüchtlinge. Am 24. August 1961 wurde der 24-jährige Günter Litfin in der Nähe des Ostberliner Bahnhofs Friedrichstraße von Transportpolizisten bei einem Fluchtversuch erschossen. Er war der erste von 374 Menschen, die in den kommenden 28 Jahren an der innerdeutschen Grenze und der Berliner Mauer auf grausame Weise sterben sollten.

Eine Mauer trennt Ost und West.

Die Menschen winken von Ost nach West.

Alles ändert sich!

Schlager schlagen ein

Wir hatten keine Zeit, lange über den Schock des Mauerbaus nachzudenken. Die Welt drehte sich weiter und wir drehten uns mit. Der Traum vom „Deutschland einig Vaterland ..." war erst einmal ausgeträumt. Das textliche Bekenntnis zum vereinten Deutschland in der DDR-Nationalhymne wurde unserer Regierung mehr und mehr unbequem. Es wirkte nun eher wie Hohn, passte nicht zur Politik von Mauer und Abgrenzung. Bald durfte bei festlichen Anlässen nur noch die Melodie erklingen.

Uns aber interessierten jetzt ganz andere Lieder: Die Welt der Schlager nahm uns gefangen. Sie lebte in jenen Tagen von der Sehnsucht nach der Ferne. Nana Mouskouri träumte von „Weiße(n) Rosen aus Athen", Conny Froboess besang „Zwei kleine Italiener" und Bill Ramsey schwärmte vom

Chronik

17. August 1962
Der 18-jährige Peter Fechter wird bei einem Fluchtversuch an der Berliner Mauer angeschossen. Er verblutet im Todesstreifen.

31. August 1962
Nach Beilegung der Kuba-Krise, die um Haaresbreite den Dritten Weltkrieg verursacht hätte, wird der „heiße Draht", eine direkte Telefonleitung zwischen Washington und Moskau installiert.

1. April 1963
Das ZDF nimmt den Sendebetrieb auf. Der Sender ist so ausgestattet, dass das neue TV-Programm auch in vielen Gebieten der DDR empfangen wird.

16. Juni 1963
Die Kosmonautin Walentina Tereschkowa ist die erste Frau im Weltraum.

26. Juni 1963
Der US-Präsident John F. Kennedy beendet seinen Besuch in Westberlin mit dem berühmten Satz „Ich bin ein Berliner".

8. August 1963
In Großbritannien findet der größte Raubüberfall aller Zeiten statt: bei einem Überfall auf einen Postzug erbeuten Räuber über 2,55 Millionen Pfund Sterling (28,57 Millionen DM).

22. November 1963
John F. Kennedy fällt in Dallas, im US-Bundesstaat Texas, einem Mordanschlag zum Opfer.

5. März 1964
Die Beatles veröffentlichen die Single „Sie liebt dich / Komm gib mir deine Hand", machen ihren Schlachtruf „Yeah! Yeah! Yeah!" in ganz Deutschland bekannt.

2. Februar 1965
Die USA beginnen den Bombenkrieg gegen Nordvietnam, bis 1973 werden hier von den USA mehr Bomben abgeworfen als im gesamten Zweiten Weltkrieg.

8. Oktober 1965
Das Internationale Olympische Komitee lädt zum ersten Mal zwei getrennte deutsche Mannschaften zu den Olympischen Spielen 1968 nach Mexiko ein.

Seine Schlager waren die größten: Freddy Quinn.

Pariser Vergnügungsviertel „Pigalle". Wir konnten die Texte alle auswendig, auch wenn die Reiseziele für uns unerreichbar waren. Durch die Mauer oder den „antifaschistisch-demokratischen Schutzwall", wie wir in der Schule dazu sagen mussten, wurde unser Fernweh nur noch größer. Das schönste Lied zum Thema sang natürlich Freddy. Sein „Junge, komm bald wieder" war für uns viel mehr als eine traurige Seemannsballade. An jedem Sonnabend lauschten wir den „Großen 8" und am Sonntag hörten wir die Hitparade von Radio Luxemburg.

Der Wilde Westen

In Westdeutschland hatten Winnetou und Old Shatterhand
mittlerweile die Kinos erobert. Die Filme bekamen wir nicht
zu sehen, galt Karl May doch offiziell als rückschrittlich.
Filmbilder mit Pierre Brice und Lex Barker, die in Kaugum-
mipackungen aus dem Westen zu finden waren, wurden
zum heißbegehrten Sammelobjekt. Auf unserer Schulfa-
schingsfeier konnte man Dutzende von Cowboys und
Indianern treffen. Wer von uns einen „echten" Trommel-
revolver besaß, war der Held des Tages. Mit dem
Spielzeugcolt in der Hand sangen wir Cowboy-Schlager
wie „7000 Rinder", „Wenn ich ein Cowboy wär'" oder
„Auf meiner Ranch bin ich König". Und die Mädchen
trällerten: „Ich will'nen Cowboy als Mann".

Faschingsfeier – Wilder Westen inklusive.

Wir gucken in die Ferne

Wildwestgeschichten konnten wir nun auch in den eigenen vier Wänden
erleben. Mehr und mehr unserer Familien war es gelungen, ihre Ersparnisse
in einen eigenen Fernsehapparat anzulegen. War das gute Stück erst einmal
da, veränderte sich das Familienleben gewaltig. Die „Glotze" wurde zum
beliebtesten Freizeitgestalter. Oft hockte die ganze Familie erwartungsvoll vor
der Mattscheibe.

Die Fernsehgeräte trugen so klangvolle Namen wie „Patriot", „Rubens" und
„Rembrandt". War das Testbild aus Berlin-Adlershof eingestellt, hantierten
unsere Eltern im Schweiße ihres Angesichts so lange mit Antenne und Kont-
rastregler, bis auch das Programm der ARD zu sehen war. Die Abkürzung ARD
wurde vom Volksmund bald mit „Außer Raum Dresden" übersetzt, denn bis in
das „Tal der Ahnungslosen" reichten die westdeutschen Sendemasten nicht.
Im Rest der DDR aber wurde zum Leidwesen vieler Parteifunktionäre mehr
Westfernsehen geguckt, als ihnen lieb war.

DER AMPHIBIENMENSCH

der schweigende stern

Gern und oft gesehen:
utopische Filme im Kino.

Viele der damals laufenden Fernsehserien spielten im Wilden Westen. Von „Fury", „Texas Rangers", „Wilder Westen Arizona", „Wyatt Earp", „Union Pacific" und „Am Fuß der Blauen Berge" konnten wir nicht genug kriegen. Wir verpassten, wenn möglich, keine einzige Folge. Fernsehsprüche wie „Na Fury, wie wär's mit einem kleinen Ausritt?" gehörten bald zu unserem normalen Sprachgebrauch. Da kamen die Erwachsenen mal wieder nicht mit!

Eine Frau fliegt in den Kosmos

Die Mädchen unseres Jahrgangs hatten einen neuen Traumberuf: Fernsehansagerin! Junge schlagfertige Frauen wie Erika Radtke, Margit Schaumäker und Annemarie Brodhagen waren die ersten Stars des Deutschen Fernsehfunks. Ohne vorherige Ansage ging damals kein Film über den Sender. Alle vier Wochen wartete die ganze Familie auf „Da lacht der Bär". Moderator Heinz Quermann hatte eine Reihe von vortrefflichen Spaßvögeln um sich geschart.

Gemeinsam mit den 4 Brummers, Eberhard Cohrs, O. F. Weidling, Rolf Herricht und Herrn Preil sorgte er für Traumquoten im DDR-Fernsehen. So etwas schafften sonst nur noch das Sandmännchen, Professor Flimmrich und Willi Schwabes Rumpelkammer.

Schlagzeile: Die erste Frau im Weltraum!

Bei den Nachrichtensendungen hatte das Westfernsehen von Anfang an die Nase vorn. Die Aktuelle Kamera war gegenüber der Tagesschau viel zu langweilig, schablonenhaft und realitätsfern. Am 16. Juni 1963 jedoch war alles anders. In einer Sondersendung berichtete die Aktuelle Kamera über den Weltraumflug Walentina Tereschkowas. Eine Frau am Steuer eines Raumschiffs – das hatte die Welt noch nicht gesehen! Und unsere Mädchen hatten wieder einen neuen Traumberuf: Kosmonautin!

Die Frau im Blickpunkt

Die „Frauenoffensive" forcierte bereits ab 1958 die Einbeziehung von Frauen in den DDR-Arbeitsmarkt. Die Entscheidung für ein Hausfrauendasein wurde von nun an öffentlich angeprangert. Der Ausbau von Kinderbetreuungseinrichtungen und familienergänzenden Dienstleistungen wie Wäschereien, Schneidereien und Reinigungsdiensten hielt jedoch nicht Schritt, sodass sich unsere berufstätigen Mütter häufig einer massiven Doppelbelastung ausgesetzt sahen. „Die Förderung der Frau, besonders in der beruflichen Qualifizierung, ist eine gesellschaftliche und staatliche Aufgabe" – so war es in der DDR-Verfassung festgeschrieben. Die Erwerbstätigkeit der Frauen war jedoch schlicht eine wirtschaftliche Notwendigkeit.

Auch wenn Frauen in höheren Positionen und in der Politik kaum eine Rolle spielten, in den Betrieben und im gesellschaftlichen Leben waren sie allgegenwärtig. In der Folge nahmen Frauen im Osten Deutschlands eine andere soziale Stellung ein. Sie wurden selbstständiger – in vielerlei Hinsicht.

Die DDR-Frau war berufstätig – hier im Schullabor.

Physik der Sterne

Der Griff nach den Sternen wurde zum Dauerthema. Utopische Filme und Romane waren überaus beliebt und wurden von uns heiß diskutiert. Gab es eine fremde Zivilisation? Oder waren wir Menschen allein im All? Wer würde als Erster fremde Planeten erobern? Die Russen? Oder die Amerikaner?

Als wir in der fünften Klasse endlich in den naturwissenschaftlichen Fächern unterrichtet wurden, hatte unser Physiklehrer leichtes Spiel mit uns. Die neue Welt der Wissenschaft war spannend, hielt sicher bereits in naher Zukunft viele sensationelle Entdeckungen bereit. Da plagten wir uns gern mit Formeln und Gleichungen ab. Das hatten Walentina Tereschkowa, Juri Gagarin und John Glenn schließlich auch alles lernen müssen! War die Reise in das Innere einer Pflanze oder einer chemischen Verbindung möglicherweise ähnlich aufregend wie ein Ausflug in den Weltraum?

Schwer fiel den meisten von uns das Erlernen der ersten Fremdsprache. Russisch blieb vielen von uns, trotz der endlosen Unterrichtsstunden, ein Buch mit sieben Siegeln.

Auch als Buch heiß geliebt: Fernsehheld Rin Tin Tin.

Sherman Ranch und Sheriff Teddy

Auch unsere Lektüre hatte sich verändert. Die bunten Heftchen waren passé, wir nahmen uns mittlerweile richtig dicke Bücher vor. Spannende Lektüre wurde bevorzugt – die besten Titel gingen von Hand zu Hand. Und wieder kamen sie aus beiden Teilen Deutschlands. Ob Benno Pludras „Sheriff Teddy" oder Erwin Strittmatters „Pony Pedro", in den Bücherhelden des Berliner Kinderbuchverlages erkannten wir uns und unsere Umwelt wieder. Heiß begehrt waren die Engelbert-Fernseh-Jugendbücher aus dem Westen. Die Abenteuer der Fernsehhunde Lassie und Rin Tin Tin, des feurigen Mustangs Fury, des unerschrockenen Ritters Ivanhoe und der Freunde von der Sherman Ranch begleiteten uns über Jahre.

Nicht nur im Biologie-Unterricht war die „Aufklärung" ein heißes Thema. Das Buch „Du und ich" stand bei vielen Eltern im Bücherschrank und galt unter uns bald als begehrter Geheimtipp. Die Autoren nahmen kein Blatt vor den Mund, schrieben über Liebe, Sexualität und Verhütung klar, frei und verständlich. Unsere Lehrerinnen hatten da größere Schwierigkeiten bei der Stoffvermittlung, bekamen mitunter schneller rote Ohren, als ihnen lieb war. Wenige unserer Eltern fanden den Mut, über diese Themen offen mit uns zu reden.

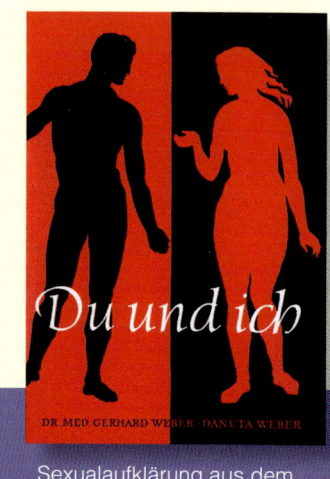

Sexualaufklärung aus dem Bücherschrank: Du und ich.

Für kurze Zeit auch im Osten Titelhelden: die Beatles!

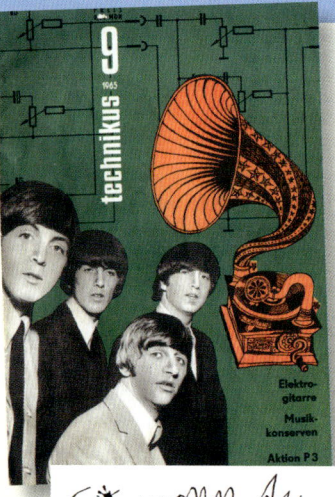

Yeah! Yeah! Yeah!

Irgendwann tönte dieses eigentümliche „Yeah! Yeah! Yeah!" aus dem Radiolautsprecher. Im Nu waren wir verzaubert vom aufregenden Klang dieser Musik. Das war völlig anders als alles, was wir bisher gehört hatten. Wer steckte hinter diesem Phänomen, das aus dem Nichts zu kommen schien und unsere Herzen im Sturm eroberte? Bald wussten wir: John, Paul, George und Ringo kamen aus dem englischen Liverpool. Es war nicht nur ihre Musik, die uns überzeugte. Ihr Haarschnitt war neu und anstößig, ihre ganze Erscheinung erfrischend anders.

Anfangs gab es wenige Möglichkeiten, Einzelheiten über unsere neuen Helden zu erfahren.

Beatle-Fankarikatur in der SatireZeitschrift „Eulenspiegel".

Umso mehr verfolgten wir die einschlägigen Radio-Hitparaden. Zeichentalente vervielfältigten Beatles-Porträts mit und ohne Gitarre, aber immer mit Pilzkopf und besserten sich so ihr Taschengeld auf. Bald kursierten die ersten BRAVO-Poster der vier auf dem Schulhof. Als die DDR-Jugendzeitschrift TECHNIKUS die Beatles auf ihrem Titel abdruckte, war die Ausgabe im Nu an allen Kiosken ausverkauft. Beatgruppen schossen nun wie Pilze aus dem Boden. Beatles-Songs wie „Twist & Shout" und „She Loves You" gehörten schnell zum Standardrepertoire jeder Tanzveranstaltung. Das Ostberliner Amiga-Label veröffentlichte die ersten Beatles-Platten. Und plötzlich war ein tragbarer Plattenspieler unser aller Herzenswunsch! Doch da sagten die spießigen Parteioberen: Schluss mit lustig! „Ich bin der Meinung, mit der Monotonie des Yeah, Yeah, Yeah und wie das alles heißt, sollte man doch Schluss machen ... ", forderte der Staatsratsvorsitzende Walter Ulbricht noch im Jahr 1965, warnte vor dem schädlichen Einfluss der Beatmusik auf die Jugend. So beendete die Parteiführung mit harter Hand die kurze erste Blüte des Beat in der DDR. Viele Beatbands wurden mit Spielverbot belegt, der DDR-Rundfunk übte sich in Selbstzensur.

Sauber muß er sein

Wir fahren „Trabbi"

Während wir im Beatfieber schwelgten, träumten unsere Eltern vom ersten eigenen fahrbaren Untersatz. Die Wartezeiten für einen Personenkraftwagen der Marke Trabant oder Wartburg waren lang, sehr lang. Auch die Preise waren gepfeffert. Aber unsere Eltern hatten ja viele Jahre Zeit, ihr Geld anzusparen. Stand dann endlich der eigene PKW (sprich Personenkraftwagen) vor der Tür, wurde er für unsere Väter zum Dreh- und Angelpunkt der Freizeitgestaltung. Das Motto hieß wieder einmal: „Selbst ist der Mann!" – sei es beim Bau der Garage oder bei der Beschaffung der raren Autoersatzteile.

Geliebter fahrbarer Untersatz: der Trabant.

    An freien Wochenenden wurde die ganze Familie eingeladen und ab ging es ins Grüne oder zu Freunden und Verwandten. Ein Anlass, mit dem eigenen

"Trabbi" durch die Gegend zu rollen, fand sich immer. In den Sommerferien fuhren wir nun auf vier Rädern in den Urlaub, je nachdem, wie viel „Schwein" man bei der Verteilung der begehrten Urlaubsplätze durch die Ferienkommission der BGL (sprich Betriebsgewerkschaftsleitung) hatte. Neben Glück konnten auch hier die berühmten „Beziehungen" eine Rolle spielen. Bei den meisten stand die Ostsee ganz oben auf der Wunschliste, gefolgt von Erzgebirge, Harz, und Thüringer Wald.

Selbst ist der Mann – beim Bau des Garagentors.

Urlaubsträume

Neben den begehrten Ostsee-Ferienplätzen gab es für uns mittlerweile auch andere Traumreiseziele. Allen voran das Urlauberschiff „Fritz Heckert", das begehrte Kreuzfahrten auf die ferne Trauminsel Kuba unternahm. Der Bedarf war hundertmal so groß wie die vorhandenen Plätze. Kein Wunder, dass volkseigene Betriebe sich Partnerbetriebe im befreundeten sozialistischen Ausland suchten und

Urlaubsträume: Binnensee, Ostsee oder Schwarzes Meer?

über die Jahre einen regen Ferienaustausch auf die Beine stellten. So rückten Urlaubsreisen an den ungarischen Plattensee, die hohe Tatra oder an die bulgarische Schwarzmeerküste ins Reich der Möglichkeiten. Klappte es tatsächlich und unsere Eltern angelten sich die begehrten Sommerreiseplätze, verzichteten wir gern einmal auf das geliebte Ferienlager. Ein Flug von Berlin Schönefeld aus mit der knatternden, dröhnenden russischen Propellermaschine „Iljuschin 14" war damals ein ebenso großes, unvergessliches Abenteuer wie das erfrischende Bad in den Wellen des Schwarzen Meeres.

Urlaub in der DDR

Wenn die Partei- und Staatsführung den gewerkschaftlich organisierten Familienurlaub auch regelmäßig als Errungenschaft feierte – die angebotenen Plätze reichten nie aus. Unschlagbar waren allerdings die Preise: So kostete beispielsweise ein Sieben-Tage-Urlaub im Harz nur 17,50 Mark pro Person. Als beliebtestes Urlaubsland galt Ungarn. Voll gepackt bis unters Dach zogen jeden Sommer ganze Trabantkarawanen gen Balaton, um Sonne, Paprikagulasch und ausgewählte Westwaren zu genießen. Kuba oder Jugoslawien wären auch schön gewesen. Aber solche Reisen blieben einem kleinen Kreis von Auserwählten vorbehalten. Was für Westdeutsche die italienische Riviera war für DDR-Urlauber das Schwarze Meer. Wer privat auf die Krim, nach Rumänien oder Bulgarien reisen wollte, brauchte Geld, Geduld und einen guten Leumund, um das begehrte Visum zu ergattern. Im Winter war die Auswahl an FDGB-Plätzen ebenso begrenzt wie im Sommer. Auch Privatquartiere in den Wintersportorten im Thüringer Wald, im Harz und Erzgebirge waren Mangelware.

Beat-Club aus der Fernsehröhre

Am 25. September 1965 wurde in einem Studio von Radio Bremen Fernsehgeschichte geschrieben. Der Ansager Wilhelm Wieben verkündete: „Guten Tag, liebe Beat-Freunde! Nun ist es endlich so weit, in wenigen Sekunden beginnt die erste Show im Deutschen Fernsehen, die nur für euch gemacht ist. Sie aber, meine Damen und Herren, die Sie Beat-Musik nicht mögen, bitten wir um Ihr Verständnis. Es ist eine Livesendung mit jungen Leuten für junge Leute. Und nun geht's los!" Bereits der erste Beat-Club begeisterte uns gleichermaßen wie die Jugendlichen im Westen. Von nun an war für uns alle vier Wochen der Samstagnachmittag fest verplant. Hier erlebten wir die aufregenden Gastspiele der Yankees, Rattles und Lords, freuten uns über den „Yesterday Man" Chris Andrews und die Small Faces. Wenn auch die meisten Erwachsenen über diese Musik nur den Kopf schütteln konnten – uns ließ der Beat nicht mehr los.

Musikrevolte via TV: Beat-Club.

Englischlernen mit den Stones

Wir waren im Beat-Fieber, rätselten aber oft über die Bedeutung der englischen Songtexte. Da kam uns das Angebot, zwei freiwillige zusätzliche Wochenstunden Englischunterricht zu besuchen, gerade recht. Nie zuvor hätte beim fakultativen Unterricht am Nachmittag ein derartiger Andrang geherrscht, wunderte sich unser Englischlehrer. Mit wachsender Begeisterung widmeten wir uns Woche für Woche den „English Lessons", lernten neben Grammatik und Vokabeln auch viel über englische Lebensart und die Schönheit Großbritanniens. Am spannendsten war es, wenn wir versuchten, gemeinsam mit unserem „Teacher" die phonetischen Geheimnisse der Rolling Stones zu entschlüsseln. Nichts konnte aufregender sein, als hinter die Bedeutung von „I can't get no satisfaction" oder „Let's spend the night together" zu kommen.

Unser erstes Englischbuch: Our English Friends.

Mädchenschwarm Roy Black

So wichtig wie für die Jungen unseres Jahrganges die Beatles und die Stones waren, war für unsere Mädchen Roy Black. Der Sänger hatte mit einer Beatband angefangen. Aber erst der Schlager „Du bist nicht allein" brachte den großen Erfolg. Bald entdeckte BRAVO den sympathischen Roy als Titelhelden. Auch im Osten brachte AMIGA eine Version von „Du bist nicht allein" heraus, gesungen von Eddi Busch. Er war bald wieder vergessen. Roy Black aber wurde ein großer Schlagerstar und gab noch viele gefeierte Gastspiele in Ost und West.

Nachhilfe in Geschichte: Film „Nackt unter Wölfen".

Geschichtsunterricht im Kino

Nicht immer waren Eltern und Großeltern bereit, Antwort auf unsere Fragen zu geben. Besonders beim Thema Zweiter Weltkrieg wurde häufig abgelenkt. Hatten unsere Eltern das Kriegsende als Niederlage oder als Befreiung empfunden? Mit zunehmendem Alter interessierte uns die Frage, welche Rolle unsere Familienmitglieder im Dritten Reich gespielt hatten. Wir wollten wissen, was unsere Eltern in den Kriegsjahren erlebt hatten. Hatten sie die Judenverfolgung mit eigenen Augen erlebt? Hatte sich jemand schuldig gemacht? Auch der Schulunterricht beantwortete nicht alle Fragen. Durch den DEFA-Film „Nackt unter Wölfen" erhielten wir eine Ahnung von der Verzweiflung der Verfolgten. Der Streifen spielte im Konzentrationslager Buchenwald und zeigte das Verbergen eines jüdischen Kindes, dem bei seiner Entdeckung der Tod in der Gaskammer drohte. Ein Film, der uns die Menschenverachtung und Brutalität des faschistischen Systems glaubhaft vor Augen führte.

Rollender Stein Mick Jagger: „I can't get no satisfaction ..."

Der Weg ins Leben

Was wollen wir werden?

Nach und nach verabschiedeten wir uns von unserer Kindheit. Bereits am Ende der großen Ferien änderte sich einiges. Wir kamen in die achte Klasse, wurden in die FDJ aufgenommen. Alle wussten, dies wird das letzte Schuljahr sein, das wir alle gemeinsam verbringen werden. Einige von uns würden danach an die Erweiterte Oberschule gehen, um in vier Jahren das Abitur abzulegen. Die wenigen, die keinen Bock mehr auf Schule hatten, konnten bereits am Ende der achten Klasse die Schule verlassen. Sie mussten nicht lange überlegen, wohin sie gehen wollten: Entweder Landwirtschaftliche Produktionsgenossenschaft oder Maurerbrigade standen zur Auswahl. Kein Wunder, dass wir fast alle bis zur zehnten Klasse an der Polytechnischen Oberschule bleiben wollten.

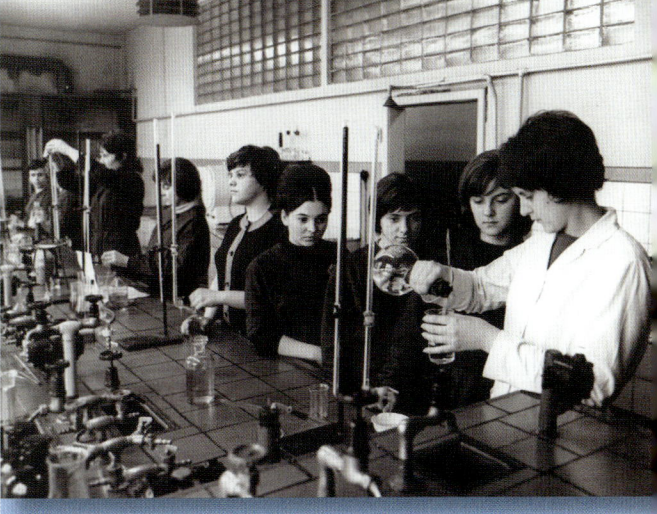
Berufsvorbereitung: Unterrichtstag in der Produktion.

Chronik

19. Januar 1966
Indira Gandhi wird zum indischen Staatsoberhaupt gewählt.

1. April 1966
Ab sofort ist jeder zweite Samstag arbeitsfrei.

24. Juni 1966
Beginn der BRAVO-Beatles-Blitz-Tournee durch die Bundesrepublik.

30. Juni 1966
Im Finale der Fußballweltmeisterschaft unterliegt die bundesdeutsche Nationalmannschaft dem Gastgeber England mit 4:2 Toren. Das „Wembleytor" gilt als das umstrittenste Tor der Sportgeschichte.

3. Mai 1967
Von der DDR-Regierung wird die durchgängige 5-Tage-Woche mit 43 Wochenarbeitsstunden beschlossen. Der monatliche Mindestbruttolohn wird per Verordnung von 220 auf 300 Mark erhöht.

25. August 1967
Das Zeitalter des Farbfernsehens beginnt in der Bundesrepublik mit der Sendung „Der Goldene Schuss" im ZDF.

4. April 1968
Martin Luther King wird ermordet, Ausbruch von Rassenunruhen in den USA.

21. Juli 1969
Der US-Astronaut Neil Armstrong betritt als erster Mensch den Mond.

7. Oktober 1969
Pünktlich zum Republikgeburtstag gibt es in der DDR die ersten Farbfernseher zu kaufen.

21. Oktober 1969
Willy Brandt (SPD) wird zum Bundeskanzler gewählt.

19. März 1970
Bundeskanzler Willy Brandt und der Vorsitzende des Ministerrats, Willi Stoph, treffen sich in Erfurt.

1. Juli 1970
Produkte, die in der DDR hergestellt werden, erhalten das Label „Made in GDR".

7. Dezember 1970
Willy Brandts Kniefall von Warschau.

Angst, etwa keine Lehrstelle zu bekommen, gab es nicht. Der Begriff Arbeitslosigkeit existierte für uns nur in der Theorie. Aber jede(n) beschäftigte jetzt die Frage: Welchen Beruf möchte ich später ausüben? Welche Lehrstelle ist die richtige?

Wir feiern Jugendweihe!

Im Frühjahr wartete ein besonderes Ereignis auf uns. Wir hatten nun das Alter erreicht, um am Tag der Jugendweihe offiziell in den Kreis der Erwachsenen aufgenommen zu werden. Wir wussten, danach würden uns die Lehrer mit „Sie" anreden und wir konnten endlich den Personalausweis beantragen. Zur Vorbereitung wurden Jugendstunden durchgeführt, in denen Themen zu Sexualität, Zeitgeschichte und Politik erörtert wurden. Der Besuch eines ehemaligen Konzentrationslagers und

einer Gedenkstätte des Widerstands gegen die Naziherrschaft gehörten ebenso zum Programm. Mitunter durfte zu anderer Zeit an anderem Ort getanzt werden.

Der Festakt fand im großen, festlich geschmückten Saal statt. Neben den Lehrern waren auch Familienangehörige anwesend. Nach offiziellen Reden und dem Gelöbnis, in dem wir darauf eingeschworen wurden, „als treue Söhne und Töchter unseres Arbeiter- und Bauernstaates für ein glückliches Leben des gesamten deutschen Volkes zu arbeiten und zu kämpfen" und unsere „ganze Kraft für die große und edle Sache des Sozialismus einzusetzen", gab es für jeden einen Blumenstrauß, eine Urkunde und das Buch „Weltall Erde Mensch". Das schwere 500-Seiten-Stück war ein Sammelwerk zur Entwicklungsgeschichte von Natur und Gesellschaft und enthielt neben Staatspropaganda viel Allgemeinwissen. Das interessierte in diesem Moment jedoch niemanden.

Nach dem offiziellen Festakt ging die Feier im Kreise der Familie und Schulfreunde erst richtig los! Die Jugendweihe war für viele unserer Eltern ein willkommener Anlass, eine große Familienfeier auszurichten. Großeltern, Tanten, Onkel, Cousins und Cousinen – auch die Westverwandtschaft – nebst Freunden und Nachbarn wurden eingeladen. Und so regnete es buchstäblich Geschenke. Es wurde reichlich gegessen, getanzt, geraucht und getrunken. Einige von uns „Jugendfreunden" machten zum ersten Mal Bekanntschaft mit dem Teufel Alkohol. So gab es am folgenden Tag für manchen ein böses Erwachen.

Na dann Prost! Nach der offiziellen Jugendweihe ging die Feier erst richtig los.

Haare, Haare, Haare!

Lange Haare – kurzer Verstand. Viele Erwachsene rümpften über unser Ausse-hen mittlerweile die Nase. Die Beatles hatten es vorgemacht, nun sprossen die Haare bei uns Jungs kräftig und wuchsen über den Hemdkragen. Damit stießen wir in Schule und Elternhaus nicht gerade auf Begeisterung.

Viele Vertreter der älteren Generation wollten und konnten sich mit der neuen Mode nicht abfinden. Dabei kam es doch immer noch darauf an, was sich unter der „Matte" in unserem Dachstübchen befand, fanden wir. Die Attacken der DDR-Obrigkeit gegen den jugendlichen Haar-Übermut konnten zuweilen handfeste Folgen haben. Da wurden bei einem Klassenausflug schon mal einige langhaarige Klassenkameraden von der VP (von wegen Volkspolizei – dein Freund und Helfer!) eingesammelt und zwangsweise zum Friseur geschickt. „Gammler dulden wir hier nicht!", war der lapidare Kommentar.

Auch in unseren Elternhäusern konnte der Haus-segen schnell schief hängen, wenn die Haarlänge die Toleranzgrenze überschritt. Aber Druck erzeugt bekanntlich Gegendruck. Das hatten wir ja bereits im Physikunterricht gelernt. So blieben wir hart und unerbittlich. Und unsere Haare wuchsen und wuchsen. Da mussten sich sogar die Mädchen anstrengen, damit wir sie mit unserer Haarpracht nicht in den Schatten stellten!

Wir in der Haartracht der Saison.

Die neue Freiheit

Rollenmodelle gab es mittlerweile viele. Neben den Beatles hatten sich eine ganze Reihe von Beatbands in unsere Herzen gespielt: The Animals, Kinks und Herman's Hermits, Rolling Stones, The Who und Dave Dee, Dozy, Beaky, Mick & Tich – in steter Regelmäßigkeit gaben jetzt neue Helden ihren musikalischen Einstand. Es dauerte nicht lange und die neuesten BRAVO-Poster zeigten uns den aktuellen Stand der Haarlänge unserer Idole. Auch der TV-Beat-Club aus

Bremen war uns ein willkommener Trendsetter. Die Richtung war eindeutig. Die Haare wurden immer länger. So wurde der Haarschnitt zum Gradmesser unserer Emanzipation. Und die Aufforderung unserer Eltern – „Geh bitte mal wieder zum Friseur!" – klang in unseren Ohren

Rollenmodelle:
Graham Bonney und die Ofarims auf dem BRAVO-Titel.

wie Gewehrsperrfeuer. Der Generationskonflikt war in vollem Gange. Gammler wollten wir nicht sein. Aber wir wollten unseren eigenen Weg gehen, nahmen uns die Freiheit, die wir hatten. Das war für die Älteren schwer zu begreifen. Eine eigene Jugendkultur hatten sie in ihren Pubertätsjahren nicht erlebt.

FDJ und Jugendweihe

Die Freie Deutsche Jugend hieß in unserem Sprachgebrauch FDJ und war eine Massenorganisation unter Führung der Staatspartei SED. Nach der Mitgliedschaft in der Pionierorganisation wurden Jugendliche auf Antrag in die FDJ aufgenommen. Die Mitgliedschaft war laut Statut freiwillig, doch hatten Nichtmitglieder Nachteile bei der Auswahl für weiterführende Schulen und bei der Studien- und Berufswahl zu befürchten.

FDJ-Symbol: Aufgehende Sonne.

So gab es einen gewissen Druck, der Organisation beizutreten. Sichtbares FDJ-Symbol war das Blauhemd mit dem Emblem der aufgehenden Sonne.

Die Jugendweihe wurde bereits im 19. Jahrhundert als Ersatzritual für kirchliche Feiern ins Leben gerufen. In der Sowjetischen Besatzungszone wurde dieser Brauch ab 1946 wiederbelebt. Die SED beschloss 1954 die generelle Einführung der Jugendweihe in der DDR. Den Kirchen sollte so die Möglichkeit genommen werden, Jugendliche mittels Konfirmation oder Kommunion für sich zu gewinnen. Weil die Jugendweihe eng mit dem schulischen Leben verknüpft war, konnten und wollten sich die meisten Jugendlichen ihr kaum entziehen. Trotzdem gab es Verweigerer, meist aus religiösen oder politischen Motiven. Bereits in den 60er-Jahren hatte sich die Jugendweihe als Familienfest etabliert, über 90 Prozent der Jugendlichen nahmen teil.

Der Minirock

Die Mädchen unseres Jahrgangs hatten es in jenen Tagen nicht leicht. Zwar war ihre bevorzugte Haarmode nicht so umstritten wie unsere. Aber dafür gab es jede Menge Diskussionsstoff um die Bekleidungsfrage. Die von Mary Quant erfundene Minimode war aus der Londoner Carnaby Street mittlerweile auch in die DDR herübergeschwappt. Da die volkseigene Bekleidungsindustrie den Handel mit gänzlich anderen Röcken versorgte, war Selbstinitiative gefragt. Nichts war damals zu kurz, zu knapp, zu bunt oder zu stark gemustert. Alles wurde übertrieben: Revers, Manschetten, Ärmel, Aufschläge, Krawatten, Krägen und Blumenmuster waren total angesagt!

Kleider und Accessoires aus dem Kleiderschrank der Großmutter und aus dem Trödelläden hatten Hochkonjunktur. „Ich nähe mir mein Kleid selbst!", hieß die Devise. Dabei halfen westdeutsche Modezeitschriften wie „Burda" und „Brigitte", aber auch die Berliner Illustrierte „Für Dich" hatte bald die entsprechenden Schnittmusterbogen im Angebot. Während die Mädchen sich ihren Minirock schneiderten, mussten wir uns etwas einfallen lassen, um einen fetzigen „Schlag" in die Hosen zu bekommen.

Neue Puppen braucht das Land: Barbie.

„Super-Girl" Barbie

Das englische Beat-Idol Graham Bonney sang vom „Super Girl". Das war eines jener selbstbewussten Mädchen, dass mit Lidschatten, Rollkragenpulli und Minirock die Welt in Atem hielten. Ein anderes „Super Girl" eroberte zeitgleich die deutschen Puppenstuben: Barbie. Mit ihren langen, beweglichen Beinen war das gertenschlanke West-Püppchen zum Lieblingsspielzeug unserer Mädchen geworden.

Die Barbie-Idee kam aus Deutschland. Der BILD-Karikaturist Reinhard Beuthin hatte im Juni 1952 eine Cartoonfrau namens Lilli entworfen, die der Idealvorstellung einer emanzipierten, leicht frivolen jungen Dame entsprechen sollte. Lilli kam bei den Lesern an, präsentierte sich bald täglich in der Zeitung. Marketingstrategen gaben ihr bald eine physische Gestalt.

Als die Gründerin der Firma Mattel, Ruth Handler, 1956 auf einer Europareise die Lilli-Puppe entdeckte, kaufte sie die Rechte an der Puppe und gab ihr den Namen ihrer Tochter Barbie. 1959 wurde die Puppe erstmals auf der New Yorker Spielwarenmesse dem Publikum vorgestellt. Barbie präsentierte sich im Badeanzug mit Sonnenbrille und Schuhen. Sie war, genau wie ihre Vorgängerin Lilli, eine figurbetonte Anziehpuppe. Bereits im ersten Jahr wurden in den USA 350 000 Puppen verkauft. Ein Welterfolg bahnte sich an.

15. bis 18. Lebensjahr

Kampf um Anerkennung

Während der DDR-Ministerratsvorsitzende Willi Stoph in einem Briefwechsel mit Bundeskanzler Kiesinger versucht, mit der Bundesrepublik zu einem gegenseitigen Abkommen und zur Anerkennung der DDR als gleichberechtigter deutscher Staat zu kommen, wird die Abgrenzung gegenüber dem Westen weiter vorangetrieben.

Am 20. Februar 1967 erlässt die DDR-Regierung das „Gesetz über die Staatsbürgerschaft der DDR", wider-spricht damit der Ansicht der Bundesregierung, wonach es nur eine einheitliche deutsche Staatsbürgerschaft geben könne. Ein Jahr später folgt eine neue DDR-Verfassung. Die DDR bezeichnet sich jetzt als „Sozialistischer Staat deutscher Nation" in dem unter „Führung der Arbeiterklasse und ihrer marxistisch-leninistischen Partei" der Sozialismus verwirklicht werde. Besonders die Erfolge im Sport sorgten für internationale Aufmerksamkeit.

Wir lernen tanzen!

Die Tanzschule gehörte nicht zum allgemeinbildenden polytechnischen Unterricht. Bei näherer Betrachtung roch das Ausbildungsprogramm etwas ranzig. Aber irgendwie waren wir alle neugierig und schrieben uns schließlich in den Kurs ein. Zwei Stunden in der Woche hieß es jetzt: „Achtung! Links, zwo, drei ..." Auch unsere Eltern waren zufrieden und sagten:„Endlich lernt ihr mal ´nen anständigen Walzer tanzen. Und nicht nur dieses alberne Gehopse." Die Tanzlehrer waren alte Hasen, wussten, wie sie uns begeistern konnten.

„Shopping" in Ostberlin.

Nach den anstrengenden Walzer- und Tangoritualen wurde regelmäßig am Schluss der Unterrichtsstunde eine Beat-Single im Plattenspieler aufgelegt. Beim Klang von „Pretty Woman" oder „Rock-'n'-Roll" waren wir schnell versöhnt. Und die Welt war wieder in Ordnung! Die kleinen Vinyl-Scheiben aus dem Westen brachten mittlerweile jede Geburtstagsparty und Schulfeier in Schwung.

Da konnte und wollte das DDR-Label AMIGA nicht lange tatenlos zusehen. Nach und nach kippte das staatlich verordnete Beatverbot und ostdeutsche Bands versuchten an ihre englischen und amerikanischen Vorbilder anzuschließen. Wie sang doch Drafi Deutscher mit seinem unwiderstehlichen Berliner Humor: „Marmor, Stein und Eisen bricht, aber unsere Liebe nicht ...". Die Liebe zur Beat-Musik konnte uns niemand ausreden, auch kein allmächtiger DDR-Staatsratsvorsitzender.

melodie und rhythmus 6

Begehrte Pflichtlektüre: Musikzeitschrift „Melodie & Rhythmus".

Musik liegt in der Luft

Die neuen Kofferradios veränderten unser Freizeitverhalten extrem. Auf dem Weg zur Schule, auf Straße und Sportplatz hatten wir die „Heule" immer dabei. Mit den ausziehbaren Stabantennen konnten wir mit etwas Glück sogar einen der beliebten britischen Piratensender empfangen, atmosphärisches Rauschen inklusive. So hörten wir zum ersten Mal die psychedelischen Sound-Collagen von Pink Floyd und den Gitarrenzauber eines Jimi Hendrix.

Es verging kein Tag, an dem wir nicht die Frequenz des Deutschen Soldatensenders einstellten. Jeden Dienstag lief auf Kurzwelle die „kleine Beatmusik", die von Peter Sahla direkt aus der BBC-Sendezentrale im Londoner Bush House moderiert wurde. Bevorzugte Quellen unserer Beat-Begeisterung waren

auch Manfred Sexauers Sendung „Hallo Twen" auf Europawelle Saar, die tägliche Dröhnung SF-Beat auf SFB 2 und am Wochenende die Top Twenty des BFBS. Auch am Kiosk gab es monatlich Neuigkeiten aus der Welt der Musik: Die Zeitschrift „Melodie & Rhythmus" wurde zur Pflichtlektüre.

Der kurze Prager Frühling

Der „Prager Frühling" war eine Reformbewegung in der CSSR, die von den Bürgern und der Regierung in Prag gleichermaßen getragen wurde. Sie hatte das Ziel, einen „Sozialismus mit menschlichem Antlitz" zu schaffen. Diese Demokratisierung war den orthodoxen Führern in Moskau, Ostberlin und anderswo ein Dorn im Auge. Die liberale Politik der Tschechen sah die Abschaffung der Zensur, eine Trennung von Partei und Staat und die Errichtung der freien Marktwirtschaft vor. Am 21. August 1968 machten 600 000 einmarschierende Soldaten des Warschauer Paktes diesen Plänen brutal ein Ende.

Ende des Prager Frühlings.

Ferienalltag auf dem Campingplatz.

Unsere neue Reisefreiheit

Nun waren wir alle alt genug, hatten
die Möglichkeit, in der ersten Hälfte der
großen Ferien eine ordentliche Summe zum Taschengeld hinzuzuverdienen.
Die Betriebe stellten besonders in der Sommerzeit gern jugendliche Aushilfs-
kräfte ein, um die Planerfüllung trotz des geschwächten Personalbestands zu
realisieren. Die DDR hatte zwar kein Wirtschaftswunder erlebt, aber in den
Jahren nach dem Bau der Mauer hatte sich der materielle Wohlstand spürbar
entwickelt. Auch unsere Konsumerwartungen wuchsen.

Wünsche wie Moped, Stereoanlage oder Tonbandgerät waren für uns nicht
mehr unerfüllbar. Wir nahmen Abschied vom Kinderferienlager, auch der
gemeinsame Urlaub mit den Eltern reizte uns kaum noch. Viel lieber gingen wir
jetzt mit der Moped-Clique auf den nächstgelegenen Campingplatz oder zum
Trampen an die Ostsee. An eine Reise in den Westen war nicht zu denken,
aber Urlaubsziele im sozialistischen Ausland kamen jetzt langsam in Mode.

Urlaubsmekka Budapest

Die Entscheidung zwischen einer Auslandsreise oder dem weiteren Ansparen
unseres eng bemessenen Taschengeldes für ein Moped der Marke Spatz oder
Schwalbe war nicht immer leicht. Besonders Ungarn-Reisen waren verlockend,

aber nicht billig. Die Magyaren hatten ein großes Angebot an West-Importen in ihr Schaufenster Budapest gestellt. Von „echten" Jeans über T-Shirts mit den Konterfeis unserer Idole bis zu den begehrten Langspielplatten westlicher Bands und Interpreten reichte die Palette. Die Ungarn boten neben Paprika und Wein bald ganz andere Eigengewächse an: Atlas, Bergendy, Echo, Juventus, Illés, Hungária und Omega hießen die Gitarrenbands, die uns bald fast ebenso begeisterten wie Beatles und Stones.

In vielen Orten bildeten sich unter dem Schirm der FDJ Jugendclubs, die preiswerte Auslandsreisen ermöglichten, indem durch gemeinnützige Arbeit Reisegeld in die Gemeinschaftskasse kam. Bei Ernteeinsätzen und Subbotniks kam der Spaß für uns nicht zu kurz.

MIT
Jugendtourist
IN DIE SOZIALISTISCHEN LÄNDER

Rumänien
UdSSR
Polen
ČSSR
Ungarn
Bulgarien

DER DEUTSCHEN DEMOKRATISCHEN REPUBLIK · REISEBÜRO

Bewerbungen für
Jugendauslandsreisen
bei der Kreiskommission für
Jugendauslandstouristik

V 15/17 MG 376/70

Jugendtanz und Abschlussprüfung

Mittlerweile bereiteten wir uns auf die Schulabschlussprüfungen vor. Im Kino lachten wir über Billy Wilders Film „Manche mögen's heiß", der mit fast zehn-jähriger Verspätung in die DDR-Lichtspieltheater kam und dank der großarti-gen Darsteller Marilyn Monroe, Jack Lemmon und Tony Curtis ein Riesenerfolg wurde. Die ersten Discotheken machten nun an Wochenenden den zum Jugendtanz aufspielenden Amateurbands Konkurrenz. Auch der eine oder andere aus unserem Jahrgang spielte jetzt mit dem Gedanken, ein Schallplat-ten-Unterhalter zu werden.

Schneller als gedacht waren die Abschlussprüfungen überstanden, selbst die mündliche Russischprüfung war am Ende leichter als befürchtet. Nun konnte es mit dem Moped auf große Fahrt in die Ferien gehen! Hier und da saß bereits die frischgeba-ckene Freundin auf dem Rücksitz. Neben Zelt, Schlafsack und Proviant gehörte auch eine Packung Ovosiston, die DDR-Anti-Baby-Pille, zur Reiseaus-rüstung.

Mit dem Moped in die Ferien!

Neue harte Töne

Alles veränderte sich. Auch der Beat meldete sich langsam ab. Nicht mehr die Beatles und Rolling Stones gaben jetzt den Ton an. Das Woodstock-Festi-val brachte neue Impulse. Junge Wilde wie Santana, Led Zeppelin, Black Sabbath, Steppenwolf, Yes und Deep Purple waren angesagt. Letztgenannte gaben mit ihrem Album „Deep Purple in Rock" der neuen harten Welle den Namen gleich mit auf den Weg. Aus Beat wurde Rock.

In versteckten Provinzgasthöfen probten DDR-Rockbands wie das Studio Team Leipzig, Modern Soul, die Klaus Renft Combo, Electra, Stern Combo Meißen, Lift, Klosterbrüder, Kerth und die Puhdys bereits den musikalischen Aufstand. Die offizielle Auflösung der Beatles war für uns der gefühlte Schlusspunkt einer Epoche.

Aus Beat wird Rock – Led Zeppelin und Woodstock geben die Richtung vor.

Die „Fahne" ruft

Nun galt es Abschied zu nehmen. Abschied von der gemeinsamen Schulzeit, Abschied von Berufsschule und alten Freunden. Für uns Jungen würde es bald heißen: „Runter mit der ganzen Wolle!" Das bevorstehende Haareschneiden war noch das kleinere Übel. Die Geschichten, die wir von Älteren über den Dienst „mit der Waffe in der Hand" bei der Nationalen Volksarmee gehört hatten, stimmten uns nicht gerade froh und optimistisch. Uns wurde ganz anders, wenn wir an die 18 Monate des bevorstehenden Grundwehrdienstes bei der „Fahne" dachten.

Bloß nicht lange Trübsal blasen, war die Devise – jetzt werden erst einmal die letzten schönen Sommertage genossen! Schnell den Grill in den Garten gestellt und alle Freunde zur großen Abschiedsfeier eingeladen. Bald darauf hieß es unwiderruflich: „Macht's gut Leute – wir sehn uns wieder!"

Schnappschuss von der Abschiedsparty.

Wohin führt uns die Zukunft?

Für die meisten von uns existierten Freizeit und Hobbyaktivitäten scheinbar unbeeinflusst von der großen Staatspolitik. Im Privatleben, im Freundeskreis und im Verein herrschte relative Unbekümmertheit gegenüber den Lenkungs-versuchen der Partei. Wie frei oder unfrei wir im Osten Deutschlands tatsäch-lich waren, erfuhren wir immer erst dann, wenn die nächste politische Krise anstand. Prag 1968 haben wir nicht vergessen. Freizeitwelten wie Fußballplatz, Kleingarten und Brieftaubenzucht, Skat-Klub und Tanzsaal, Campingplatz und FKK-Strand konnten Fluchtpunkt und Kraftquell zugleich sein, gleichermaßen staatserhaltend und konspirativ. Ersatz für eine reale freiheitlich-demokratische Grundordnung waren sie nicht.

Echte Oasen der Freiheit im Schatten der Mauer gab es nie. Als wir mit unseren 18 Jahren ins Leben hinausgingen, dachte niemand im Traum daran, dass wir uns einmal im vereinten Europa wiederfinden würden.